AZ EREDETI UKRÁN KONYHA

100 autentikus hagyományos recept Ukrajnából. Egészséges, alacsony kalóriatartalmú vegán/vegetáriánus étrend a könnyű és stílusos fogyáshoz

Bendegúz Soós

Copyright Anyag ©2024

Minden jog fenntartva

A kiadó és a szerzői jog tulajdonosának megfelelő írásos beleegyezése nélkül ennek a könyvnek egyetlen része sem használható fel vagy továbbítható semmilyen formában vagy módon, kivéve az ismertetőben használt rövid idézeteket. Ez a könyv nem helyettesítheti az orvosi, jogi vagy egyéb szakmai tanácsokat.

TARTALOMJEGYZÉK

TARTALOMJEGYZÉK **3**
BEVEZETÉS **6**
REGGELI **7**
   1. Ukrán burgonyás palacsinta 8
   2. Ukrán rozskenyér 10
   3. Ukrán falusi reggeli 12
   4. Ukrán reggeli hasis 14
   5. Ukrán sajtos palacsinta 17
   6. Ukrán reggeli szendvics 19
   7. Ukrán mézes-citromos tea 21
   8. Ukrán fekete kenyér 23
   9. Ukrán savanyú káposzta kenyér 25
ELŐÉTELEK ÉS NAGYSZEREK **28**
   10. Ukrán mandula félhold 29
   11. Ukrán cseresznyegombóc 31
   12. ukrán babbka 33
   13. Cukkini savanyúság 36
   14. Gyorsan pácolt uborka 39
   15. Ecetes gomba 41
   16. Hagyományos fánk 43
   17. Angyal szárnyak 46
   18. Ukrán pizza 48
   19. Vegán Pierogi Bites 50
   20. Baguette gombával 52
   21. Vegán sajtos zsemle 54
   22. Hanky Panky 56
   23. Gombás hajdina tál 58
   24. Salacsonyan sült póréhagyma 61
   25. Füstös hagyma és mák bread roll 63
   26. Kókuszos fánk 66
   27. Karalábé Schnitzel 68
   28. Palacsinta élesztővel 70
   29. Előétel szilvával 72
   30. Vegán palacsinta szilvavajjal 74
LEVESEK ÉS SALÁTÁK **76**
   31. Ukrajnai típusú céklaleves 77
   32. Ukrán uborkás és citromos borscs 80
   33. Savanyú savanyú leves 82
   34. Borscht 84
   35. Eper / áfonya leves 86
   36. Káposztaleves 88

37. Édes-savanyú vörös káposzta … 90
38. Bemelt vörös káposzta málnával … 92
39. Zöldségleves … 94
40. Paradicsomleves … 96
41. Ecetes leves … 98
42. Savanyú rozsleves … 100
43. Hűtött cékla leves … 102
44. Gyümölcsleves … 104
45. Krumpli leves … 106
46. Citromleves … 108
47. Spárgaleves … 110
48. Cékla saláta … 112
49. Zeller és narancs saláta … 114
50. Zöldség saláta … 116
51. Uborka kókuszkrémben … 118
52. Karalábé leves … 120
53. Ukrán bableves … 122

FŐÉTEL … 124

54. Gefullte hal Ukrajnából … 125
55. Ukrán kapros csirke … 127
56. Ukrán hús- és halpörkölt … 129
57. Ukrán bográcssült … 131
58. Ukrán káposzta tekercs köles … 133
59. Ukrán marhahús strogano ff … 135
60. Vegetáriánus bigók … 137
61. Ukrán gombóc … 139
62. Édes túrós szendvicsek … 141
63. R jég almával … 143
64. Tészta és gombóc … 145
65. Tészta és vegán sajtok e … 147
66. M makaróni eperrel … 149
67. Tészta gombával _ … 151
68. Vegán sajt retekkel … 153
69. Pasta mákkal … 155
70. Ukrán hal … 157
71. Káposztatekercsek … 160
72. Potato és Vegan Cheese Pierogi … 162
73. Sült sör tofu … 165
74. Sweet burgonya pierogi … 167
75. Vegan spenótgolyós tészta … 170
76. Burgonya és Sárgarépa Pierogies … 172
77. Főtt gombóc … 175
78. Áfonya Pierogi … 177
79. Sárgabarack Kolache … 180

DESSZERTEK 182

80. UKRÁN CHRUSTYKY 183
81. UKRÁN SAJTTORTA 185
82. BAJADERKI 187
83. MAZUREK CSOKIKRÉMMEL 189
84. SÜTŐTÖK ÉLESZTŐS BUNDT TORTA 191
85. KRÉMTEKERCS 193
86. OSTYA 195
87. ÜNNEPI ALMÁS PITE 197
88. BURGONYA MÉZESKALÁCS KEKSZ 199
89. SÜLT ALMA GYÜMÖLCCSEL ÉS DIÓVAL 201
90. VEGÁN BOGYÓS SAJTTORTA E 203
91. ÉDES GABONAPUDING 205
92. DIÓS FÉLHOLD SÜTI 207
93. SZILVAPÖRKÖLT 209
94. LEKVÁR 211
95. HÚSVÉTI SÜTEMÉNY 213
96. VANÍLIÁS PUDINGPUDING 215
97. CREAM FUDGE 217
98. MANDULA CCHOCOLATE PLUMS 219
99. VEGAN ÉDES SAJTOS TEKERCS 221
100. UKRÁN PÁROLT KÁPOSZTA SZUFLA 224

KÖVETKEZTETÉS 226

BEVEZETÉS

Üdvözöljük az "Autentikus Ukrán Konyhában", egy kulináris utazás 100 lelkes recepten keresztül, amelyek megragadják az ukrán konyha szívét. Ez a szakácskönyv az ukrán konyhát meghatározó gazdag és változatos ízek, hagyományok és melegség ünnepe. Csatlakozzon hozzánk, és fedezze fel a nemzedékeken át öröklődő hagyományos ételeket, és hozzon létre egy olyan ízvilágot, amely tükrözi Ukrajna lelkét és szellemét.

Képzeljen el egy konyhát, amely tele van a kiadós borscs illatával, a sós varenyky perzselőjével és a hagyományos ukrán desszertek édességével. Az "Autentikus Ukrán Konyha" több, mint receptek gyűjteménye; ez egy meghívás, hogy megtapasztalja az ukrán konyhával járó vendégszeretetet, örömöt és kényelmet. Függetlenül attól, hogy ukrán gyökerei vannak, vagy egyszerűen csak a kelet-európai konyha ízei vonzzák, ezek a receptek azért készültek, hogy inspiráljanak Ukrajna autentikus ízeinek újrateremtésére.

A klasszikus pierogitól a megnyugtató holubciig minden recept az ukrán konyhát meghatározó változatos és lelkes ízek ünnepe. Akár családi lakomát tervez, akár az ukrán édességek finomságait fedezi fel, ez a szakácskönyv remek forrás az ukrán kulináris hagyományok teljes skálájának megtapasztalásához.

Csatlakozz hozzánk, amikor elindulunk az "Autentikus Ukrán Konyhán" keresztül, ahol minden egyes alkotás az ukrán konyha lelkesítő és szívmelengető természetéről tanúskodik. Tehát, vegye fel a kötényét, ölelje fel az ukrán vendégszeretet gazdagságát, és merüljön el 100 lelkes receptben, amelyek megragadják ennek a szeretett kulináris hagyománynak a lényegét.

REGGELI

1. Ukrán burgonyás palacsinta

ÖSSZETEVŐK:

- 1 nagy hagyma; lereszelve
- 6 burgonya; meghámozzuk és lereszeljük
- 2 evőkanál Liszt
- 2 tojás
- 2 teáskanál só
- ¾ teáskanál fekete bors
- 1-pintes tejföl
- ½ pint tejszín

UTASÍTÁS:

a) Egy nagy tálban turmixgéppel pürésítse a hozzávalókat a tejföl és a tejszín kivételével. Ezt megteheted konyhai robotgépben vagy turmixgépben is. Egy serpenyőben felforrósítjuk az olajat, és amikor forró, csepegtessünk egy nagy kanálnyi keveréket. Addig sütjük, amíg az egyik oldala megpirul. Fordítsa meg és ismételje meg. Ha kész, kivesszük, lecsepegtetjük, és meleg sütőbe tesszük.
b) Keverjük össze a tejfölt és a tejszínt.
c) Melegen, egy nagy adag tejszínkeverékkel tálaljuk! Ez az ukrán otthonok alapterméke, és ezek a palacsinták 2-3 napig jól elállnak a hűtőszekrényben. Sok otthon befőttet vagy lekvárt is szolgálnak fel ezekre a finom palacsintákra.

2.Ukrán rozskenyér

ÖSSZETEVŐK:

- 1 teáskanál élesztő
- ¼ csésze meleg víz
- Az élesztőt feloldjuk a
- Víz
- 1 csésze erős kávé
- 1 teáskanál Blackstrap melasz
- 3 csésze teljes rozsliszt
- ⅓ csésze teljes hajdinaliszt
- 1¼ teáskanál Só

UTASÍTÁS:

a) Keverjük össze a száraz hozzávalókat. Adjunk hozzá ¾ csésze kávét és az élesztőoldatot. Ha szükséges, használja fel a maradék kávét, ha a keverék túl száraz. Használjon vizet a kezére, hogy 5-10 percig gyúrja a tésztát.

b) Letakarjuk és szobahőmérsékleten 2 órát pihentetjük. Nem fog sokat emelkedni. Ismét használjon vizet a kezére, és rövid ideig gyúrja a tésztát. Ismét letakarjuk, és nedves ruhával letakarva még 30 percig kelesztjük. Formázz a tésztából 1 vagy 2 hosszú vékony cipót, ismét vízzel a kezedre kenve.

c) A tésztát kikent vagy liszttel megszórt tepsire tesszük. A tésztát meleg és párás helyen kelesztjük körülbelül 45 percig, amíg a tészta megpuhul. Kevés lesz az emelkedés.

d) Süssük 450 fokon 20 percig, egy serpenyőben vízzel a sütőben.

e) Süssük 375 F.-on további 30 percig, víz nélkül.

3.Ukrán falusi reggeli

ÖSSZETEVŐK:
- 50 g lardo, apróra vágva
- 1 medvehagyma, vékonyra szeletelve
- 1 szabadtartású csirkemell, hosszában vékonyra szeletelve
- 100 g kelkáposzta
- 4 közepes szabadtartású tojás

UTASÍTÁS:
a) Főzzük a lardot egy nagy serpenyőben közepes lángon körülbelül 5 percig, amíg a zsír nagy része fel nem olvad (olvad). Hozzáadjuk a medvehagymát, és addig főzzük, amíg aranyszínűvé nem válik (kb. 4 perc).
b) Adjuk hozzá a csirkét (ha használunk), és főzzük 2 percig, majd adjuk hozzá a kelkáposztát és főzzük további 5 percig.
c) Végül felütjük a tojást, fűszerezzük és megfőzzük. Egészben hagyhatod, és addig főzheted, amíg a fehérje megdermed, és a sárgája még folyós lesz, vagy keverd össze, hogy rántsd – így is remek íze lesz.

4.Ukrán reggeli hasis

ÖSSZETEVŐK:

- 10 yukon arany vagy rozsda burgonya kockákra vágva
- 2 evőkanál friss bébi kapor apróra vágva
- 1 hagyma (közepes) apróra vágva
- ⅔ csésze savanyú káposzta folyadék kinyomva és apróra vágva,
- 1 db 375 grammos karikás duplafüstölt ukrán kolbász, karikára szeletelve
- 2 ½ csésze gomba szeletelve
- 1 zöldpaprika apróra vágva
- 2 evőkanál növényi olaj
- 3 evőkanál vaj
- 1 csésze száraz túró
- 2 gerezd fokhagyma zúzott d
- 1 teáskanál só
- ½ teáskanál bors
- tojás

UTASÍTÁS:

a) Vágja kockára a burgonyát, és süsse a burgonyát a mikrohullámú sütőben fedetlen tányéron kb. 15 percig, vagy amíg a villával könnyen át nem megy a burgonyadarabokon, de még mindig szilárd/tartós alakja van.
b) Közben: egy nagy serpenyőben/serpenyőben hevítsünk olajat közepesen magas hőmérsékletre, és pároljuk a kubassa/kielbasát 3-4 percig, rendszeresen kevergetve és átforgatva, majd tányérra szedjük. Félretesz, mellőz.
c) Öntsünk még 1 evőkanál étolajat a serpenyőbe, majd pároljuk közepesen alacsony hőmérsékleten 5 percig zöldpaprikát, hagymát és fokhagymát. Adjuk hozzá a gombát, és főzzük további 3-4 percig. Tegyük félre egy külön tálba.
d) Adjunk hozzá vajat a serpenyőhöz, és főzzük a burgonyát, rendszeresen kevergetve és átforgatva, 15 percig, amíg kívül barnul, belül pedig megpuhul.
e) Ezután adjuk vissza a zöldpaprika/hagyma keveréket a serpenyőbe, valamint a kubassát, a savanyú káposztát, a száraz túrót, és főzzük keverés közben további körülbelül 10 percig.
f) Ha tojást használ: főzzön tojást ízlés szerint, és helyezze a hash tetejére.

5.Ukrán sajtos palacsinta

ÖSSZETEVŐK:
- 275 g farmer sajt
- 1 tojás
- 50 g sima liszt
- 2 evőkanál porcukor
- Csipet só

UTASÍTÁS:
a) Az összes hozzávalót turmixgépbe tesszük, és megpirítjuk
b) Vegyünk egy kanálnyi keveréket, és öntsük a lisztbe. Megfordítjuk, hogy a külsejét liszt borítsa. Kissé lapítsuk. Lisztezett tányérra vagy közvetlenül a serpenyőbe tesszük.
c) Mindkét oldalát 3-4 perc alatt aranybarnára sütjük.
d) Lekvárral és tejföllel tálaljuk

6.Ukrán reggeli szendvics

ÖSSZETEVŐK:
- 1 tojás
- 1 evőkanál száraz túró
- ½ teáskanál kapor
- 1 evőkanál tejföl
- ⅓ csésze szeletelt ukrán kielbasa
- 1 teáskanál mustár
- ½ teáskanál torma
- 1 teljes kiőrlésű angol muffin
- 2 paradicsom szelet

UTASÍTÁS:
a) Toast angol muffin.
b) Permetezzen egy kávésbögre belsejét tapadásmentes főzőpermettel. A tojást felütjük a bögrébe, és hozzáadjuk a száraz túrót és a kaprot. Egy másodpercig óvatosan keverjük, és ne törjük össze a sárgáját.
c) Tegye a tojásos keveréket a mikrohullámú sütőbe 30-40 másodpercre (fedővel), vagy amíg a tojás megszilárdul. Óvatosan lazítsa meg a késsel a bögre belseje és a tojás között.
d) Keverjük össze a tejfölt, a tormát és a mustárt. Egyenletesen eloszlatjuk az angol muffin mindkét oldalát.
e) Az angol muffin egyik oldalát megkenjük szeletelt kielbasával, és óvatosan kicsúsztatjuk a főtt tojást a bögréből, és rátesszük a kielbasát.
f) Hozzáadjuk a szeletelt paradicsomot. A tetejére angol muffin másik fele kerüljön.
g) Azonnal tálaljuk.

7.Ukrán mézes-citromos tea

ÖSSZETEVŐK:

- 8 evőkanál Narancssárga indiai tealevél
- 6 evőkanál Frissen facsart citromlé
- 2 evőkanál Citrom héja frissen reszelve
- 1 csésze édesem

UTASÍTÁS:

a) Helyezze a tealeveleket és a citromhéjat egy vászonzacskóba, és kösse össze.
b) Forralj fel 2¼ liter vizet, add hozzá a zacskót, a citromlevet és a mézet.
c) Forraljuk 5 percig, kapcsoljuk le a hőt, és hagyjuk állni 10 percig.
d) Forrón tálaljuk

8.Ukrán fekete kenyér

ÖSSZETEVŐK:

- 1 teáskanál Aktív száraz élesztő
- ¼ csésze ; Víz , meleg (nem forró!)
- 1 csésze Kávé, ERŐS; lehűtött
- 1 teáskanál Blackstrap melasz
- 3 csésze Egész rozsliszt
- ½ csésze Teljes hajdina liszt
- 1¼ teáskanál Só

UTASÍTÁS:

a) Az élesztőt langyos vízben felfuttatjuk. Keverje hozzá a melaszt a kávéhoz.

b) Keverjük össze a száraz hozzávalókat . Hozzákeverjük a nedveseket és 10-12 percig dagasztjuk a tésztát. Ennél a pontnál fedjük le a tésztát egy tálba, és hagyjuk állni 2 órát. Vegyük ki és dagasszuk újra 3-4 percig. Darált golyót formázunk, és még 30 percig letakarjuk.

c) Fogja meg a labdát a kezei között, és sodorja hosszú, vékony formára, amely egy francia kenyérhez hasonló, körülbelül 2-3 hüvelyk átmérőjű. Ügyeljen arra, hogy a tészta kezelése során minden eddigi szakaszban nedves legyen a keze. Egy tepsit kivajazunk és ráhelyezzük a tésztát. A tésztát meleg sütőben (kb. 85 F.) 45 percig kelesztjük.

d) 375 fokos F nedves sütőben (egy fémtálba tegyünk 1 csésze vizet a sütőbe) 20 percig sütjük.

e) Vegye ki a vizes edényt, és süsse tovább 30 percig 375 F fokon. Így egy hosszú cipó lesz, vagy 2 rövidebb cipó vagy akár tekercs is készíthető belőle.

9. Ukrán savanyú káposzta kenyér

ÖSSZETEVŐK:

- 1½ csésze Forrázott zsírszegény író
- ½ csésze Langyos víz (98-110 F)
- 1 csomag Aktív száraz élesztő
- 2 evőkanál Könnyű méz
- 4 Tojás
- 14 csésze Teljes kiőrlésű, ill
- Fehérítetlen fehér liszt
- 3 evőkanál Sáfrányolaj
- 2 bögre Lecsepegtetett savanyú káposzta
- ½ csésze Reszelt sárgarépa
- ½ teáskanál Bors
- ½ teáskanál Gyógynövényes sópótló

UTASÍTÁS:

a) Egy nagy tálban keverje össze az írót, a vizet, az élesztőt és a mézet. Addig keverjük, amíg az élesztő fel nem oldódik, és hagyjuk állni 5 percig.

b) Egy kis tálban felverjük a tojásokat, majd hozzáadjuk az élesztős keverékhez. Keverjünk hozzá 5-6 csésze lisztet, vagy annyit, hogy sűrű tésztát kapjunk. Jól keverjük össze és hagyjuk állni 20 percig.

c) Erősen keverjük a masszát 1 percig, majd adjunk hozzá 2 evőkanál olajat és annyi lisztet, hogy sűrű tésztát kapjunk. Enyhén lisztezzen meg egy pultot vagy kenyérsütődeszkát, és fordítsa rá a tésztát. Gyúrjuk simára és rugalmasra (5-10 perc). Egy keverőtálat enyhén kiolajozunk, és beletesszük a kigyúrt tésztát. Fedjük le a tálat egy konyharuhával, és hagyjuk kelni 40 percig.

d) Gyúrjuk le a tésztát, majd fedjük le újra, és hagyjuk kelni további 30 percig.

e) Amíg a tészta másodszor kel, keverje össze a maradék olajat, a savanyú káposztát, a sárgarépát, a borsot és a sópótlót egy kis serpenyőben. Főzzük ezt a keveréket fedő nélkül, közepesen magas lángon 10 percig, gyakran kevergetve. Vegyük le a tűzről, és öntsük a mosogató fölé állított szűrőedénybe. Hagyja a savanyú káposztát lecsepegni 10 percig.

f) Enyhén olajozzon ki egy 9 x 12 hüvelykes tepsit, és melegítse elő a sütőt 350 F fokra. Válogassa a tésztát 2 golyóra, és mindegyiket 9 × 12 hüvelykes téglalappá sodorja . Helyezzen egy téglalapot a tepsibe. A tetejére kanalazzuk a savanyú káposzta keveréket. Helyezze a második téglalap tésztát a savanyú káposzta tetejére. Nyújtsa ki a tepsibe, és szorítsa össze az alsó és a felső tésztaréteg széleit, és szorosan zárja le. Hagyjuk kelni 10 percig.

g) A savanyú káposztás kenyeret barnára sütjük (kb. 45 perc). Könnyen ki kell emelnie a serpenyőből. Rácson hagyjuk kihűlni, majd szeleteljük vastag szeletekre.

ELŐÉTELEK ÉS NAGYSZEREK

10.Ukrán mandula félhold

ÖSSZETEVŐK:
- 2 csésze fehérítetlen fehér liszt
- 1 csomag Száraz élesztő
- 1 csésze édes vaj, szobahőmérséklet
- 2 tojássárgája, felvert
- ¾ csésze tejföl

TÖLTŐ:
- 2 csésze mandula, pirított és durvára őrölt
- ⅔ csésze 3/4 c barna cukor, szorosan csomagolva
- 2 tojásfehérje
- 1 csipet só

UTASÍTÁS:
a) A tésztához a lisztet és az élesztőt közepesen összekeverjük. tál.
b) Sütővillával vágjuk bele a vajat, amíg a keverék durva liszthez nem hasonlít. Hozzákeverjük a tojássárgáját és a tejfölt, majd jól összedolgozzuk. A keverék továbbra is omlós lesz.
c) A tésztából a lehető legkevesebbet dolgozva kézzel golyót formálunk. Minél kevesebbet dagaszt, annál lágyabb lesz a tészta. A tészta ragacsos lesz. Csomagolja be viaszos papírba, és hűtse legalább 2 órára.
d) A tölteléket úgy készítjük el, hogy egy kis tálban összekeverjük a darált mandulát és a cukrot. A tojásfehérjét és a sót kemény habbá verjük, de ne szárazra, majd óvatosan a diós masszához forgatjuk.
e) Melegítsük elő a sütőt 375 F-ra. Amikor a tészta alaposan kihűlt, három golyóra osztjuk. Lisztezett sodrófa segítségével nyújtsunk ki három kb.
f) Mindegyik kört nyolc pite alakú szeletre vágjuk, és a szeleteket megkenjük a töltelékkel. A széles végétől kezdve tekerje fel minden éket, mint egy kis croissant-t, majd húzza a végeit egy görbületbe, hogy "szarvat" képezzen. Ügyeljünk arra, hogy a pont az alján legyen, így a "szarvak" nem nyílnak ki sütés közben.
g) Helyezze a mandula félholdokat egy enyhén olajozott tepsire, és süsse körülbelül 30-40 percig, amíg aranybarnák és felfúvódnak.

11. Ukrán cseresznyegombóc

ÖSSZETEVŐK:

- 2 csésze Univerzális liszt; rostált
- 1 teáskanál Só
- 2 tojás
- 1½ csésze konzerv kimagozott meggy, lecsepegtetve
- ½ csésze víz
- 1 tojásfehérje
- 1-3 evőkanál cukor

UTASÍTÁS:

a) Lisztezett deszkán összegyúrjuk. Golyóba formázzuk és 1 órát állni hagyjuk. Lisztezett deszkán nagyon vékonyra nyújtjuk. Vágjuk kis kerekekre, körülbelül 4 hüvelyk átmérőjű.

b) Tegyünk 1 kanál gyümölcstölteléket minden kör alsó felére. A széleit megkenjük kissé felvert tojásfehérjével. A tésztát félkör alakúra öntjük, a széleket összenyomjuk. Egyszerre néhányat csepegtessünk egy nagy, forrásban lévő vízforralóba, és főzzük élénken 15-20 percig, vagy amíg a gombócok a felszínre nem kerülnek. Szűrőkanállal kiszedjük és lecsepegtetjük. Melegen tálaljuk. Ízlés szerint meleg meggylével és sűrű tejszínnel tálaljuk.

c) Tegye a meggyet és a cukrot egy kis serpenyőbe, és párolja 5 percig.

12. ukrán babbka

ÖSSZETEVŐK:

- 1 csomag Aktív száraz élesztő
- csipet Cukor
- ¼ csésze meleg víz
- ½ csésze sózatlan vaj, olvasztott
- ¼ csésze cukor
- 1½ teáskanál Só
- 2 teáskanál vanília kivonat
- ½ teáskanál mandula kivonat
- ¾ csésze meleg tej
- 3 tojás
- 4 csésze fehérítetlen univerzális liszt
- 2 evőkanál sótlan vaj, tészta kenéséhez
- 3 evőkanál vaníliás porcukor vagy porcukor
- 1½ csésze száraz túró
- ⅓ csésze cukor
- 1½ evőkanál tejföl
- 1½ evőkanál liszt
- 1 db tojás
- 1 teáskanál citromhéj
- ½ teáskanál vanília kivonat
- 3 evőkanál ribizli
- 2 evőkanál konyak 1/2 óráig

UTASÍTÁS:

a) Az élesztőt és a cukrot egy kis tálkában forró vízbe szórjuk, és feloldjuk. Hagyjuk állni, amíg habos nem lesz, körülbelül 10 percig. Egy nagy tálban keverje össze a vajat, cukrot, sót, vaníliát, mandulát, tejet, tojást és 1 csésze lisztet. Habverővel simára verjük. Add hozzá az élesztős keveréket. Verjük 3 percig, vagy amíg sima nem lesz.

b) Fakanállal ½ csészénként adjunk hozzá lisztet, amíg puha tésztát nem kapunk. A tésztát enyhén lisztezett felületre borítjuk, és körülbelül 5 perc alatt simára és selymesre gyúrjuk.

c) Ügyeljen arra, hogy a tészta puha maradjon. Kiolajozott tálba tesszük, egyszer megforgatjuk, hogy kikenjük a tetejét, és lefedjük műanyag fóliával. Meleg helyen hagyjuk kelni, amíg a duplájára nem kel, körülbelül másfél óráig. Közben a töltelék hozzávalóit egy tálban összedolgozzuk, krémesre verjük. Óvatosan kiengedjük a tésztát, enyhén lisztezett deszkára borítjuk, és 10 x 12 hüvelykes téglalappá nyújtjuk.

d) Megkenjük olvasztott vajjal. Megkenjük a töltelékkel úgy, hogy a tészta körül ½ hüvelykes szegélyt hagyunk. Roll up zselés tekercs divat és csipet varrások. Az egyik végét megfogva csavarja meg a tésztát körülbelül 6-8-szor, hogy egy kötél legyen.

e) Lapos tekercset formázunk, és jól kikent 10-12 csésze formába vagy csőtepsibe tesszük. Csípje össze a végeit, és igazítsa a tésztát úgy, hogy egyenletesen feküdjön a serpenyőben, legfeljebb ⅔-ig.

f) Lazán fedjük le műanyag fóliával, és hagyjuk kelni, amíg a serpenyő tetejével egyenletesen, körülbelül 45 percig. Süssük előmelegített 350 fokos sütőben 40-45 percig, vagy amíg aranybarna nem lesz, és a süteménytesztelő tiszta lesz. Üreges hang hallható, amikor megérinti. Hagyjuk állni 5 percig a tepsiben, majd tegyük át a tepsiből egy rácsra, hogy teljesen kihűljön.

g) Hagyja állni 4 órát vagy egy éjszakát, műanyagba csomagolva, mielőtt felszeletelné. Porcukorral meghintjük vagy porcukormázzal meglocsoljuk.

13.Cukkini savanyúság

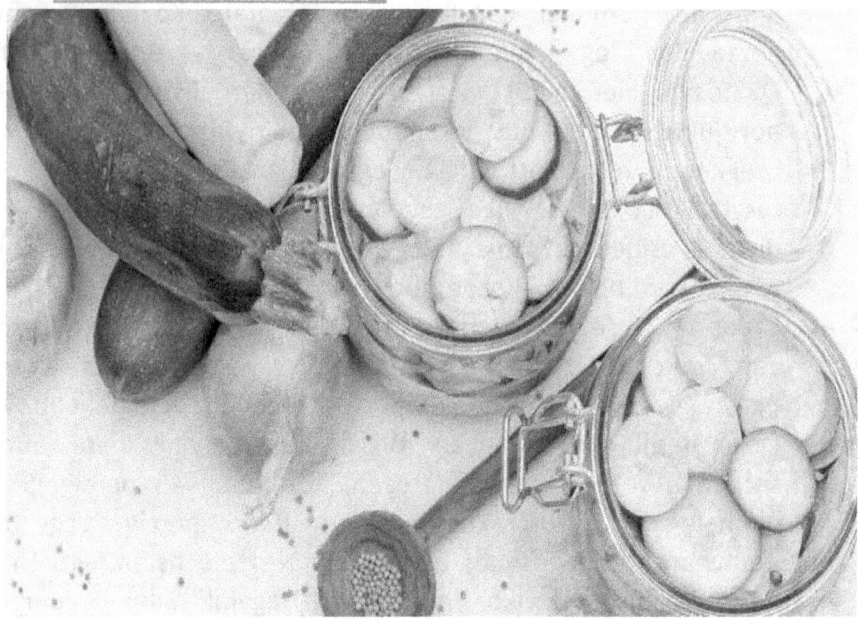

ÖSSZETEVŐK:

- 3 kg cukkini (sárga és zöld keveréke)
- 5 evőkanál só
- 500 g hagyma
- 500 g sárgarépa, felaprítva
- 1 kg pirospaprika, kockára vágva
- 250 ml dupla erősségű (10%) ecet
- 200 g kristálycukor
- 1 teáskanál szegfűbors bogyó
- 1/2 teáskanál őrölt chili
- 3 teáskanál fehér mustármag
- 1 evőkanál szemes fekete bors
- 1 teáskanál koriandermag
- 6 babérlevél
- növényi olaj

UTASÍTÁS:

a) A cukkinit alaposan megmossuk, de ne hámozzuk meg. Zöldséghámozóval felaprítjuk vagy felszeleteljük hosszú, vékony darabokra. Tegyük egy keverőtálba, és ízesítsük 3 evőkanál sóval. Keverje össze az összes hozzávalót egy keverőtálban, és tegye félre 2-3 órára.

b) A hagymát megpucoljuk és felszeleteljük, majd a maradék sóval külön tálba tesszük és jól összedolgozzuk. Hagyjon 2-3 órát az előkészítésre.

c) A cukkiniben és a hagymában összegyűlt folyadékot leöntjük. Egy nagy keverőtálban keverjük össze a cukkinit, a hagymát, a felaprított sárgarépát és a szeletelt paprikát.

d) Egy serpenyőben felforraljuk az ecetet, majd hozzáadjuk a cukrot és a fűszereket (kivéve a babérlevelet). Amíg a szósz még forró, ráöntjük a zöldségekre. 3 óra pácolás

e) Sterilizálja az üvegeket úgy, hogy a zöldségeket és a folyadékot belehelyezi. Fedjük le az üvegeket, és adjunk hozzá 1 babérlevelet és 1 evőkanál olajat.

f) Tegye az üvegeket egy tiszta konyharuhával bélelt nagy edénybe, és öntsön hozzá annyi forró vizet, hogy az üvegek oldalának 3/4-ét elérje.

g) Forraljuk fel, majd forraljuk fel 20-30 percig forrásban lévő vízfürdőben egy tiszta törülközővel bélelt serpenyőben, miközben a forró víz az üvegek 3/4-éig éri.

14. Gyorsan pácolt uborka

ÖSSZETEVŐK:

- 1/2 hagyma, apróra vágva
- 75 ml fehér ecet
- 100 g porcukor
- 3/4 evőkanál só
- 1 uborka megmosva és vékonyra szeletelve

UTASÍTÁS:

a) Egy kis tálban összekeverjük az apróra vágott hagymát, az ecetet, a cukrot és a sót.

b) Tálalás előtt legalább 30 percre hűtőbe tesszük, megszórjuk szeletelt uborkával.

15. Ecetes gomba

ÖSSZETEVŐK:

- 1,5 kg kis gomba
- 2 teáskanál só
- 250 ml 10%-os fehér ecet
- 750 ml víz
- 1 hagyma, karikákra vágva
- 1 1/2 teáskanál só
- 3-4 teáskanál cukor
- 10 szem fekete bors
- 3 szegfűbors bogyó
- 1 babérlevél

UTASÍTÁS:

a) Száraz ruhával vágja le és tisztítsa meg a gombát. Főzzük 30 percig alacsony lángon, miután egy serpenyőbe tesszük 2 liter forrásban lévő vízzel és 2 evőkanál sóval.
b) Keverje össze az ecetet és 750 ml vizet egy keverőtálban. Keverje össze a hagymát, 1 1/2 teáskanál sót, cukrot, borsot, szegfűborsot és babérlevelet egy nagy keverőtálban. Forraljuk fel, majd 5 percig alacsony lángon mérsékeljük.
c) A megfőtt gombát kis csepegés után sterilizált üvegekbe tesszük. Szorosan zárja le a fedeleket, és fedje le forró sóoldattal. Tálalás előtt hagyja kihűlni 3-4 hétig, mielőtt hűtőszekrénybe helyezné.

16.Hagyományos fánk

ÖSSZETEVŐK:
- 2 csomag aktív száraz élesztő (4 1/2 teáskanál)
- 1 1/2 csésze növényi tej , meleg, körülbelül 110 F
- 1/2 csésze kristálycukor
- 1/2 csésze kókuszvaj , szobahőmérsékleten
- 1 evőkanál brandy vagy rum
- 1 teáskanál só
- 4 1/2-5 csésze univerzális liszt
- 1 gallon növényi olaj, olajban sütéshez
- Kb. 1/2 csésze kristálycukor, göngyöléshez
- Kb. 1/2 csésze cukrászcukor, sodoráshoz
- 1 csésze lekvár vagy gyümölcspaszta, töltelékhez, opcionális

UTASÍTÁS:
a) Egy kis tálban oldjuk fel az élesztőt a meleg növényi tejben. Keverés után tegyük félre, hogy feloldódjon.
b) Keverje össze a cukrot és a kókuszvajat egy nagy keverőedényben vagy a lapáttal felszerelt állványos mixerben, amíg habos nem lesz.
c) A pálinkát vagy a rumot, valamint a sót jól összekeverjük.
d) A lapáttartozék segítségével felváltva adjon hozzá 4 1/2 csésze lisztet és a növényi alapú tej-élesztő keveréket. Géppel verje 5 percig vagy tovább, amíg sima nem lesz, vagy kézzel tovább.
e) Egy olajozott tálba helyezzük a tésztát. Fordítsuk meg a serpenyőt, hogy a másik oldalát kivajazzuk.
f) Fedjük le a tetejét műanyag fóliával, és hagyjuk kelni 1-2 1/2 órát, vagy amíg a térfogata megduplázódik.
g) Enyhén lisztezett felületet lisztezzünk meg, és nyújtsuk ki a tésztát. Verje meg vagy tekerje fel 1/2 hüvelyk vastagságúra. A pazarlás elkerülése érdekében egy 3 hüvelykes keksz vágóval vágjon egymáshoz közeli köröket.
h) Sütés előtt takarjuk le a lapot egy nedves ruhával, és hagyjuk kelni, amíg duplájára nő, körülbelül 30 percig.
i) Melegítse fel az olajat egy nagy serpenyőben vagy egy holland sütőben 350 F-ra. Helyezzen néhány kelő fánkot az olajba a

tetejével lefelé (a száraz oldalon), és süsse 2-3 percig, vagy amíg az alja aranybarna nem lesz.
j) Fordítsa meg őket, és süsse további 1-2 percig, vagy amíg aranybarna nem lesz. Ügyeljen arra, hogy az olaj ne legyen túl forró, hogy a külseje ne barnuljon meg, mielőtt a belső rész elkészül. Ellenőrizze, hogy egy hűvös egy teljesen megfőtt-e. A főzési időt és az olajhőt ennek megfelelően kell beállítani.
k) Még melegen megforgatjuk kristálycukorban. Ha meg akarjuk tölteni őket, akkor a fánk oldalába lyukat készítünk, és egy cukrászzacskóval nyomjunk bele a választott töltelékből egy nagy adagot. Ezután a megtöltött fánkra szórjuk kristálycukrot, cukrászcukrot vagy cukormázt.

17.Angyal szárnyak

ÖSSZETEVŐK:

- 2 csésze liszt
- 1 evőkanál cukor
- 1/4 teáskanál só
- 3-5 evőkanál kókuszkrém
- 1 evőkanál szeszes ital
- 1/2 teáskanál vanília
- 1 teáskanál citrushéj (elhagyható)
- Vegán disznózsír, sütéshez
- porcukor, a porozáshoz

UTASÍTÁS:

a) Keverjük össze a lisztet, a cukrot és a sót.
b) Ha külön edényben használjuk, keverjünk össze 3 evőkanál tejszínt, szeszes italt, vaníliát és héját.
c) Adjuk hozzá a nedves hozzávalókat a szárazhoz, és keverjük addig, amíg a tészta összeáll, ha szükséges, adjunk hozzá még egy kis tejszínt.
d) A lehető legvékonyabbra nyújtjuk
e) Vágja 1 x 4 hüvelykes csíkokra úgy, hogy mindegyik csík közepén réseket készítsen.
f) Húzza át az egyik végét a résen, hogy csavart megjelenést kapjon
g) Melegítse elő a sertészsírt 350°F-ra.
h) Részletekben aranybarnára sütjük, megfordítva mindkét oldalát. Papírtörlőn lecsepegtetjük.
i) A tetejére porcukrot szórunk.

18.Ukrán pizza

ÖSSZETEVŐK:
- 1 teáskanál kókuszvaj
- ½ hagyma, kockára vágva
- 1 (4 oz.) doboz szeletelt gomba, lecsepegtetve
- Só és bors (ízlés szerint)
- ½ francia baguette, hosszában félbevágva
- 1 dkg vegán sajt
- Ketchup (felül)

UTASÍTÁS:
a) Melegítsük elő a sütőt 400 Fahrenheit fokra.
b) Egy nagy, tapadásmentes serpenyőben felforrósítjuk az olajat. Pároljuk a hagymát és a gombát 5 percig, vagy amíg megpuhulnak. Ízlés szerint sózzuk, borsozzuk.
c) Egy tepsire rakjuk a bagett feleket (vagy kenyérszeleteket). Adjuk hozzá a gombás keveréket és a vegán sajtot a tetejére.
d) 10 percig sütjük, vagy amíg a vegán sajt aranybarna és megolvad.
e) Ketchuppal az oldalára tálaljuk.

19. Vegán Pierogi Bites

ÖSSZETEVŐK:

- 14 vegán bacon szelet, félbe vágva
- 12 uncia mini burgonya pierogie, felengedve
- 1/4 csésze világos barna cukor

UTASÍTÁS:

a) Melegítsük elő a sütőt 400°F-ra. Főzőspray segítségével vonjunk be egy peremes tepsit.

b) Tekerje vegán szalonnát minden pierogi közepére, és helyezze a sütőlapra. A barna cukrot egyenletesen kell elosztani.

c) 18-20 percig sütjük 350°F-on.

20. Baguette gombával

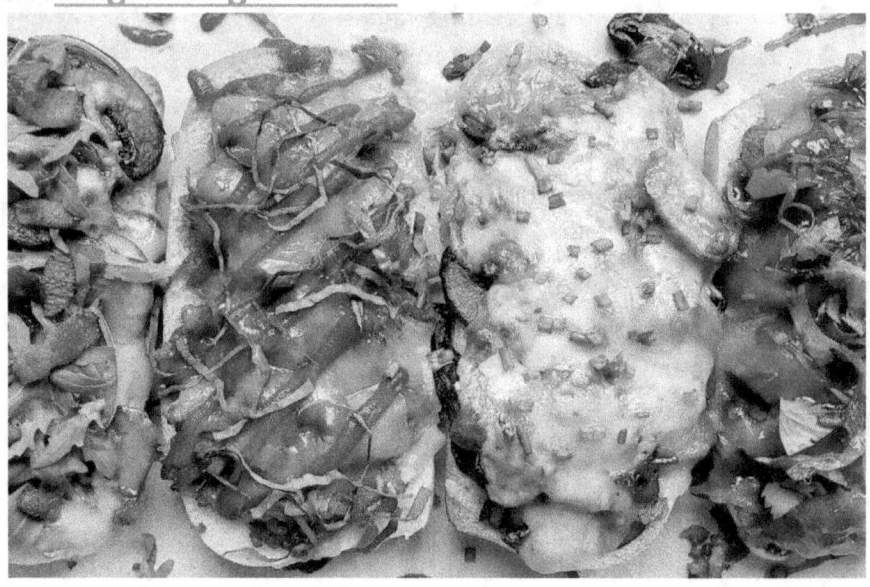

ÖSSZETEVŐK:

- 1 bagett
- 10 oz. (300 g) gomba
- 1 kis hagyma
- 5 oz. (150 g) vegán sajt
- 1 evőkanál repceolaj (sütéshez)
- 2 evőkanál paradicsom ketchup

UTASÍTÁS:

a) Melegítsük elő a sütőt 400 Fahrenheit fokra .
b) A bagettet hosszában felvágjuk. Szedd ki még egy kicsit.
c) A gombát megmossuk, megszárítjuk és apró kockákra vágjuk.
d) A hagymát megpucolása után apróra vágjuk.
e) A serpenyőt előmelegítjük és hozzáadjuk az olajat. 7-10 percig pároljuk az apróra vágott hagymát és a gombát. Só és bors ízlés szerint.
f) A vegán sajtot lereszeljük.
g) A sült hagymát és a gombát a bagettbe tesszük. Fedjük be vegán sajttal, amit reszeltek.
h) Melegítsük elő a sütőt 350°F-ra, és süssük aranybarnára (kb. 8-10 perc).

21.Vegán sajtos zsemle

ÖSSZETEVŐK:
TÉSZTA
- 4 csésze univerzális liszt
- 2 csomag instant száraz élesztő (5 teáskanál)/ vagy 9-10 teáskanál friss élesztő
- 1/3 csésze cukor
- 1/3 csésze kókuszvaj
- 1/2 teáskanál só

TÖLTŐ
- 2 csésze vegán sajt
- 1/3 csésze kókuszvaj
- 1/2 csésze porcukor
- mazsolák

UTASÍTÁS:
TÉSZTÁT
a) Keverje össze a lisztet, az instant száraz élesztőt, a cukrot és a sót egy keverőtálban. Beleöntjük az olvasztott kókuszvajat.
b) Ha friss élesztőt használ, először keverje össze cukorral és kevés friss növényi tejjel. Ezután keverje össze az összes többi összetevőt.
c) A tésztát összegyúrjuk. Egy nagy keverőtálat félig megtöltünk liszttel. Helyezzük a tésztát a tálba, takarjuk le konyharuhával vagy ruhával, és tartsuk melegen.
d) Várja meg, amíg a tészta a duplájára nő, körülbelül 1-1,5 órát.

KÉSZÍTSÜK TÖLTETÉST
e) A töltelék hozzávalóit összekeverjük.
f) A két tepsit kibéleljük sütőpapírral.
g) A tésztát 10-12 részre osztjuk, ha kész.
h) A kerek zsemléket formázás után helyezzük a tepsikre.
i) Törölje át a serpenyőket egy konyharuhával/kendővel, és tegye félre meleg helyre további 40 percre.
j) Melegítsük elő a sütőt 392 Fahrenheit fokra (200 Celsius fok).
k) 40 perc elteltével egy kis pohárral mélyedéseket készítünk a zsemlékbe.
l) A gödröcskék belsejébe helyezzük a pudingot.
m) Ha használod, szórd meg a mazsolát minden zsemle tetejére.
n) Melegítse elő a sütőt 350°F-ra, és süsse 15 percig.

22. Hanky Panky

ÖSSZETEVŐK:

- 1 ¼ font. földi szeitán
- 1 font vegán sajt
- 1 teáskanál őrölt oregánó
- 1 teáskanál fokhagyma por
- ½ teáskanál törött pirospaprika
- 1 csipet édesköménymag
- 1 cipóparti rozskenyér, amit néha koktélos rozskenyérnek is neveznek

UTASÍTÁS:

a) Melegítsük elő a sütőt 400°F-ra.
b) Egy nagy serpenyőben közepes-magas lángon adjuk hozzá az őrölt szejtánt. Folyamatos kevergetés mellett pirulásig főzzük.
c) Adjuk hozzá a keverékhez az oregánót, a fokhagymaport, a törött pirospaprikát és az édesköménymagot.
d) A sajtot felkockázzuk és összekeverjük a szejtán keverékkel. Addig keverjük, amíg a sajt elolvad, és a keverék jól össze nem áll.
e) Egy kis fagylaltkanállal (körülbelül 114 hüvelyk átmérőjű) vagy egy evőkanállal adjon hozzá egy-egy darab szejtánt és sajtot minden kenyérdarabhoz.
f) Süteménylapon süssük 8-10 percig, vagy amíg a kenyér megpirul, és a teteje bugyog.
g) Szobahőmérsékleten vagy melegen tálaljuk.

23.Gombás hajdina tál

ÖSSZETEVŐK:
- 2 hagyma
- 1 sárgarépa
- 2 gerezd fokhagyma
- 45 g kókuszvaj
- 150 g gomba
- 150 g hajdina
- 1 babérlevél
- 1 db zöldségleves kocka
- Egy marék kapor, csak levelek
- 50 grammos rakéta
- 150 g növényi joghurt
- Tengeri só
- Frissen őrölt bors
- 1 teáskanál olívaolaj
- 400 ml forrásban lévő víz

UTASÍTÁS:
a) A hagymát meghámozva vágjuk finom szeletekre. A sárgarépát meg kell hámozni és apróra vágni. A fokhagymát meg kell hámozni és lereszelni vagy összetörni.
b) Adjuk hozzá a hagymát, a kókuszvajat és egy csipetnyi sót és borsot a serpenyőbe. Főzzük és keverjük 5-8 percig, vagy amíg a hagyma pépes lesz és mélyen aranyszínű lesz – csökkentse a hőt, ha túlságosan vagy túl gyorsan pirulna.
c) Adja hozzá a sárgarépát, a fokhagymát és a gombát a serpenyőbe, és keverje össze. 5 percig főzzük, időnként megkeverve, amíg a gomba nedves lesz.
d) Adjuk hozzá a hajdinát és a babérlevelet, és keverjük össze. Az alapkockában morzsoljuk össze. Öntsön 400 ml forrásban lévő vizet az edénybe.
e) Pároljuk 12-15 percig, vagy amíg a víz elpárolog, és a hajdina puha, de még szilárd lesz.
f) Vágja le a kapor ágakról a puha leveleket, és vágja durvára, amíg a hajdina párolódik. Vágja fel a rakétát apró darabokra.

g) Kóstoljuk meg a hajdinát, és ízlés szerint sózzuk vagy borsozzuk. Dobd bele a kapor nagy részét, és villával rakdáld bele. A felforrósított tálakat félig megtöltjük hajdinával.

h) Díszítsük egy kanál növényi joghurttal és a maradék rakétával és kaporral.

24.S alacsonyan sült póréhagyma

ÖSSZETEVŐK:

- 4 póréhagyma
- ¼ csésze olívaolaj
- 1 evőkanál tengeri só

UTASÍTÁS:

a) Dobd fel a póréhagymát olívaolajjal és sóval egy nagy keverőtálban, amíg jól bevonat nem lesz. A póréhagymát vágott oldalukkal lefelé egy előkészített tepsire helyezzük.

b) Óvatosan csomagolja be a tepsit alufóliába – nem kell teljesen lezártnak lennie, de a lehető legszorosabbnak kell lennie. Tegye vissza a tepsit a sütőbe, és csökkentse a hőmérsékletet 300 fokra.

c) Süssük 15-30 percig, vagy amíg a póréhagyma megpuhul. Vegye ki a lapot a sütőből, és fordítsa meg a póréhagymát. Tegyük vissza a sütőbe, emeljük fel a hőmérsékletet 400°F-ra, és süssük 15-20 percig, vagy amíg ropogós és aranybarna nem lesz.

25.Füstös hagyma és mák b read roll

ÖSSZETEVŐK:

- hagyma 1 nagy, meghámozva és vastagon felszeletelve
- aktív szárított élesztő 1 teáskanál
- erős fehér kenyérliszt 300g
- sima liszt 175g, plusz még a porozáshoz
- tengeri só 1½ teáskanál
- sima liszt 50g
- aktív szárított élesztő ½ teáskanál
- olívaolaj 1 evőkanál
- füstölt tengeri só ¼ teáskanál
- édes füstölt paprika ¼ teáskanál
- mák 1 ek, plusz egy csipet plusz a szóráshoz
- szezámmag néhány csipet

UTASÍTÁS:

a) Egy keverőedényben keverjük össze a lisztet és az élesztőt 50 ml meleg vízzel, majd takarjuk le fóliával és tegyük félre egy éjszakára.

b) Másnap kezdjük el a tésztát úgy, hogy a hagymát egy kis serpenyőbe tesszük 150 ml vízzel. A vizet addig melegítjük, amíg buborékolni kezd, majd levesszük a tűzről.

c) Kivesszük a sütőből és félretesszük szobahőmérsékletűre hűlni. Öntse a vizet egy mérőkancsóba, és ellenőrizze, hogy 150 ml-es legyen; ha nem, adj hozzá többet. Tegye félre a hagymát későbbre.

d) Közben keverje össze az élesztőt és 100 ml meleg vizet egy keverőedényben, és tegye félre 10-15 percre, vagy amíg habos nem lesz.

e) A liszteket egy tésztahoroggal felszerelt állványos keverőbe öntjük, majd amint az élesztős keverék felhabosodott, hozzáadjuk az előétel- és hagymás vizet.

f) Kezdje el alacsony sebességgel keverni a tészta keveréséhez, majd növelje közepes sebességre, és dagasszon 5 percig.

g) A só hozzáadása után még egy percig dagasztjuk.

h) 10-15 percig gyúrjuk enyhén lisztezett munkalapon kézzel). Hagyja a tésztát a duplájára kelni meleg helyen, olajozott fóliával letakarva legfeljebb 2 órán keresztül.
i) A tésztát néhányszor leütjük, hogy visszaütjük, majd vágjuk 8 egyenlő részre.
j) A tésztát lapos körökké nyújtjuk, a közepébe lyukakat szúrunk, hogy a töltelékhez mártható legyen, majd lisztezett tepsire tesszük.
k) Amikor az összes forma elkészült, lazán fedje le fóliával vagy nedves konyharuhával. Hagyjuk további 20 percig kelni, amíg puffadt és kerek nem lesz.
l) Amíg kel a tészta, elkészítjük a tölteléket. Az apróra vágott hagymát apróra vágjuk, és egy kis serpenyőbe tesszük az olajjal. Olvadásig és aranybarnára pirítjuk, majd folyamatos keverés mellett hozzáadjuk a füstölt tengeri sót és a paprikát. Főzzük még néhány percig, majd adjuk hozzá a mákot és egy csipet fekete borsot. Menő
m) Melegítsük elő a sütőt 220 Celsius-fokra/légkeveréses 200 Celsius-fokra/gázzal 7. Amikor a tekercsek készen állnak a sütésre, mindegyik közepébe tegyünk kb. 1 evőkanál hagymát, és szórjuk meg mákkal és szezámmaggal.
n) Helyezzen egy felborított mély formát a tekercsek tetejére, és tegyen rá egy tűzálló súlyt - egy nagy tepsit vagy akár egy kockát.
o) 15 percig sütjük, majd kivesszük a formát, és további 5-8 percig sütjük, amíg a tekercsek puhán aranybarnák nem lesznek.

26.Kókuszos fánk

ÖSSZETEVŐK:

- 1 1/3 csésze kókuszos növényi tej
- 1/3 csésze cukor
- 2 púpozott teáskanál élesztő
- 1/2 teáskanál só
- 1 teáskanál vanília
- Néhány shake szerecsendió és kardamom (elhagyható)
- 2 3/4 csésze univerzális liszt

UTASÍTÁS:

a) Egy nagy keverőtálban keverje össze az összes hozzávalót, kivéve a lisztet.
b) Csak annyit gyúrjon a tésztából, hogy összeálljon.
c) Fedjük le a tálat műanyag fóliával, és hagyjuk kelni 2 órán keresztül, vagy amíg a duplájára kelik.
d) óvatosan kiborítjuk egy lisztezett deszkára. 1/2 hüvelyk vastagságú kinyújtás után szeletekre vágjuk.
e) A fánkokat sütőpapírral bélelt, lisztezett tepsire helyezzük. Fedjük le műanyag fóliával, és tegyük félre még vagy egy órát, hogy megkeljen.
f) Az olajsütőben hevíts fel egy kis növényi olajat.
g) Oldalanként 2-3 percig sütjük, majd töltés előtt papírtörlőn lecsepegtetjük, hogy kihűljön.
h) Egy cukrászzacskó és egy csővég segítségével töltsük meg lekvárral vagy pudinggal, és forgassuk meg por- vagy kristálycukorban. Élvezd!

27.Karalábé Schnitzel

ÖSSZETEVŐK:

- 1 nagy karalábé
- sütőolaj
- 1/4 csésze univerzális liszt
- 1/2 csésze víz
- 1/2 teáskanál paprikapor
- 1/2 teáskanál só

KENYÉRÉS

- 1/3 csésze zsemlemorzsa
- 1/2 teáskanál só
- 1/2 teáskanál paprikapor
- 1 teáskanál zúzott tökmag (elhagyható)
- 1 teáskanál szezámmag (elhagyható)

UTASÍTÁS:

a) Mossa meg a karalábét, és távolítsa el a megmaradt leveleket. a karalábét 4-6 szeletre kell vágni (kb. 1/3 hüvelyk vastagságban). Zöldséghámozóval távolítsuk el a külső réteget.

b) Egy nagy lábosban felforraljuk a vizet, és beletesszük a karalábészeleteket. Hagyjon 10 percet főzni. Középen áttetszővé kell válniuk. Ezután szűrjük le, töröljük szárazra papírtörlővel, és tegyük hűlni.

c) A panírozás hozzávalóit egy külön tálban összedolgozzuk.

d) A karalábészeleteket bevonjuk a panírozásba, amikor már elég kihűltek ahhoz, hogy kezelni tudjuk.

e) Egy nagy serpenyőben felforrósítjuk a sütőolajat (annyira, hogy ellepje az alját), és hozzáadjuk a rántott karalábé szeletet. Oldalanként nagyjából 5 percig sütjük közepesen magas lángon. Mindkét oldalukon aranybarnának és ropogósnak kell lenniük.

f) Tedd papírtörlőre, hogy a sütés után felszívják a felesleges olajat és élvezd!

28.Palacsinta élesztővel

ÖSSZETEVŐK:

- 225 g univerzális liszt
- 240 ml meleg növényi tej
- 1⅙ teáskanál gyors élesztő kb. 4 g
- 1 evőkanál cukor
- Csipet só
- 5 evőkanál növényi olaj
- A kompóthoz
- 1,5 csésze friss vagy fagyasztott bogyó
- 1 evőkanál juharszirup
- ¼ teáskanál vaníliarúd paszta vagy kivonat

UTASÍTÁS:

a) Melegítse elő a sütőt a lehető legalacsonyabb fokozatra.
b) Egy nagy keverőtálban keverje fel az élesztőt és a cukrot a meleg növényi tejben körülbelül 30 másodpercig.
c) Öntsük bele a lisztet, adjunk hozzá egy csipet sót, és keverjük 2-3 percig. Fedjük le a tálat egy ruhával, és tegyük a sütő közepére 50-60 percre, amíg a duplájára nem nő.
d) Egy nagy serpenyőben hevíts fel 1-2 teáskanál olajat, majd mérsékeld a hőt, és csepegtess egy kanál tésztát a serpenyőbe (anélkül, hogy túlzsúfoljuk). A tészta ragacsos lesz.
e) A palacsintákat körülbelül 2½ percig sütjük mindkét oldalukon alacsony lángon. Azonnal tálaljuk.
f) A gyümölcskompót elkészítéséhez keverje össze a gyümölcsöt, a juharszirupot és a vaníliát egy serpenyőben, és főzze 5 percig közepes lángon, vagy amíg a gyümölcs megpuhul és elkezd levet ereszteni.

29. Előétel szilvával

ÖSSZETEVŐK:

- 10 (350 g) burgonya megfőzve, lehűtve és meghámozva
- 1/2 csésze zabliszt
- 1/4 csésze almaszósz
- 12-14 vagy 7-8 szilva

UTASÍTÁS:

a) Főzzük meg a burgonyát és tegyük kihűlni.
b) Ha nagy szilvát használunk, vágjuk félbe.
c) Burgonyarizsgép segítségével dolgozzuk fel a burgonyát.
d) A burgonya rizst, a zablisztet és az almaszószt összegyúrjuk, amíg kemény tésztát nem kapunk.
e) A tésztát sima felületen kinyújtjuk és 12-14 egyforma nagyságú kerek darabra vágjuk.
f) Kis körökhöz kinyújtjuk a tésztát.
g) Zárja le az egyes köröket úgy, hogy egy szilvafélét/szilvafélét helyez a közepére.
h) Egy nagy fazékban felforraljuk a vizet.
i) Körülbelül 5 percig főzzük, amint elérik a víz felszínét.

30. Vegán palacsinta szilvavajjal

ÖSSZETEVŐK:

- 355 ml-es szódabikarbóna doboz
- 1,5 csésze növényi tej
- 2 evőkanál repceolaj
- 2 csésze AP liszt
- csipet só
- olaj a tepsihez
- szilvavaj a töltelékhez (vagy lekvár)

UTASÍTÁS:

a) Egy keverőtálban keverjük össze az összes hozzávalót.
b) Melegítsen elő egy serpenyőt nagy lángon 2-4 percig, vagy amíg nagyon meleg nem lesz. Csökkentse a hőt közepesen magasra, miután enyhén megkente a serpenyőt olajjal.
c) Egy vékony réteg tésztát öntünk a tepsibe, és egyenletesen elosztjuk az alján. Fordítsa meg a palacsintát, amint a szélei kezdenek leválni a serpenyőről, és főzzük még egy-két percig.
d) A palacsintákat tányérra tesszük, és pár percre félretesszük hűlni. Kenjük be őket egy kis mennyiségű szilvavajjal vagy tetszés szerinti lekvárral, majd tekerjük vagy hajtsuk háromszög alakúra.

LEVESEK ÉS SALÁTÁK

31. Ukrajnai típusú céklaleves

ÖSSZETEVŐK:
- 4 közepes paradicsom
- 4 evőkanál vaj
- 1 csésze hagyma; finomra vágott
- 2 gerezd fokhagyma, hámozott; finomra vágott
- 1 kiló Cékla, leveleit levágva, meghámozva, durvára reszelve
- ½ zeller gyökér, hámozott; durvára reszelve
- 1 petrezselyemgyökér, meghámozva; durvára reszelve
- 1 paszternák, hámozott; durvára reszelve
- ½ teáskanál cukor
- ¼ csésze vörösbor ecet
- 1 evőkanál Só
- 2 liter marhahúsleves, frissen vagy konzervként
- 1 font Főtt burgonya, meghámozva; 1 1/2 hüvelykes darabokra vágjuk
- 1 font káposzta, mag nélkül; durvára aprítva
- 1 font főtt szegy vagy 1 font főtt sonka, 1 hüvelykes kockákra vágva
- 3 evőkanál petrezselyem; finomra vágott
- ½ pint tejföl

UTASÍTÁS:
a) Dobja a paradicsomot forrásban lévő vízbe 15 másodpercre. Futtassuk le hideg víz alatt és hámozzuk meg. Vágjuk ki a szárat, majd szeleteljük fel keresztben.
b) Óvatosan nyomja össze a feleket, hogy eltávolítsa a levet és a magokat, majd vágja durvára és tegyük félre.
c) Egy 10-12 hüvelykes serpenyőben olvasszuk fel a vajat mérsékelt lángon, tegyük bele a hagymát és a fokhagymát, és gyakori kevergetés mellett főzzük 6-8 percig, vagy amíg megpuhulnak és enyhén színeződnek. Keverje hozzá a répát, a zellergyökeret, a petrezselyemgyökeret, a paszternákot, a paradicsom felét, a cukrot, az ecetet, a sót és a 1½ csésze alaplét. Erős lángon felforraljuk, majd részben lefedjük az edényt, és csökkentjük a hőt. 40 percig pároljuk.

d) Ezalatt öntsük a maradék alaplevet egy 6-8 qt-s rakottba, és adjuk hozzá a burgonyát és a káposztát. Forraljuk fel, majd főzzük lefedve 20 percig, vagy amíg a burgonya megpuhul, de nem esik szét.
e) Amikor a zöldségkeverék megfőtt a megadott ideig, a maradék paradicsommal és a hússal együtt hozzáadjuk a tepsihez. Részlegesen lefedve pároljuk 10-15 percig, amíg a borscs fel nem melegszik.
f) Kóstoljuk meg a fűszerezéshez. Túróba öntjük, petrezselyemmel megszórjuk és tejföllel tálaljuk.

32.Ukrán uborkás és citromos borscs

ÖSSZETEVŐK:

- 4 csésze hámozott, kimagozott uborka --
- Durvára vágva
- 2 kisebb citrom leve
- 1 teáskanál Gyógynövényes sópótló ill
- Tengeri só
- 1 evőkanál méz
- 1 csésze zsírmentes natúr joghurt
- 1 csésze forrásvíz
- 1 csésze darált pulykasonka
- 1 nagy paradicsom - apróra vágva
- Gyógynövényes sópótló és
- Fehér bors - ízlés szerint
- Friss kapor gallyak és savanyú
- Krém -- díszítéshez

UTASÍTÁS:

a) Tegye az uborkát, a citromlevet, a sópótlót, a mézet, a joghurtot és a vizet egy turmixgépbe, és pürésítse nagyon simára. Adjuk hozzá a darált sonkát. Öntsük a levest egy nagy tálba, fedjük le műanyag fóliával, és tegyük hűtőbe egy éjszakára (8-12 óra).

b) Reggel a paradicsomot pürésítjük és a leveshez adjuk. Kóstoljuk meg a fűszereket, és ha szükséges, adjunk hozzá még sót és borsot.

c) A levest hűtött tálakba tálaljuk friss kaporral és egy kanál tejföllel.

33.Savanyú savanyú leves

ÖSSZETEVŐK:

- 6 csésze zöldségleves
- 1 ½ csésze reszelt sárgarépa
- ½ csésze kockára vágott zeller
- 1 csésze hámozott friss burgonya, kockára vágva
- 1 csésze fokhagyma vagy kapor savanyúság, felaprítva
- Liszt, szükség szerint (kb ¼ csésze)

UTASÍTÁS:

a) Egy nagy serpenyőben forraljuk fel gyorsan a húslevest, majd csökkentsük a hőt alacsonyra, és hagyjuk forrni. 15 percig pároljuk a sárgarépával, a zellerrel és a burgonyával.

b) Pároljuk 30 percig, vagy amíg a burgonya meg nem fő, szükség szerint adjunk hozzá savanyúságot. Ha sűrűbb levest szeretnénk, akkor lisztből és vízből egyenlő arányban pépet készítsünk.

c) Folyamatos kevergetés mellett lassan öntsük hozzá a tejet, amíg a leves enyhén besűrűsödik.

34.Borscht

ÖSSZETEVŐK:

- 2 csokor répa zölddel (kb. 8-9 közepes cékla)
- ½ csésze apróra vágott hagyma
- 1 kilós konzerv párolt paradicsom
- 3 evőkanál friss citromlé
- ⅓ csésze vegán granulált édesítőszer

UTASÍTÁS:

a) Dörzsölje le és tisztítsa meg a céklát, de a héját hagyja rajta. Tartsa biztonságban a zöldeket. Egy nagy fazékban keverje össze a céklát, a hagymát és a 3 liter vizet.
b) Főzzük egy órán keresztül, vagy amíg a cékla rendkívül puha nem lesz. Vegyük ki a céklát a vízből, de NE HANGJÁK EL A VIZET. Dobd ki a hagymát.
c) A céklát finomra vágva öntsük vissza a vízbe. A zöldeket meg kell mosni és felaprítani, mielőtt vízhez adnák. Keverje össze a paradicsomot, a citromlevet és az édesítőt egy keverőtálban. 30 percig főzzük közepes lángon, vagy amíg a zöldek megpuhulnak.
d) Tálalás előtt legalább 2 órára hűtsük le.

35.Eper / áfonya leves

ÖSSZETEVŐK:
- 1 font friss eper vagy áfonya, jól megtisztítva
- 1 ¼ csésze víz
- 3 evőkanál vegán granulált édesítőszer
- 1 evőkanál friss citromlé
- ½ csésze szója- vagy rizskávékrém
- Opcionális: 2 csésze főtt, lehűtött tészta

UTASÍTÁS:
a) Egy közepes edényben keverje össze a gyümölcsöt a vízzel, és forralja fel gyorsan.
b) Csökkentse a hőt alacsonyra, fedje le, és főzze 20 percig, vagy amíg a gyümölcs nagyon puha nem lesz.
c) Turmixgépben turmixoljuk simára. Tegyük vissza a pürét az edénybe, és keverjük hozzá a cukrot, a citromlevet és a tejszínt. Keverés után 5 percig pároljuk.
d) Tálalás előtt hűtse le a levest legalább 2 órára.
e) Ezt a levest hagyományosan magában vagy hideg tésztával tálalják.

36.Káposztaleves

ÖSSZETEVŐK:

- 2 evőkanál margarin
- 2 csésze aprított zöld káposzta
- ½ teáskanál fekete bors
- 3 csésze víz
- 2 csésze hámozott és kockára vágott burgonya
- ½ csésze apróra vágott friss paradicsom

UTASÍTÁS:

a) Egy leveses fazékban felolvasztjuk a margarint.
b) Adjuk hozzá a káposztát és a borsot, és főzzük körülbelül 7 percig, vagy amíg a káposzta megpirul.
c) Dobd bele a burgonyát, a paradicsomot és a vizet; lefedve forraljuk 20 percig, vagy amíg a burgonya meg nem fő.

37.Édes-savanyú vörös káposzta

ÖSSZETEVŐK:
- 3 csésze apróra vágott vörös káposzta
- ½ csésze hámozott és apróra vágott fanyar alma, például Granny Smith
- 2 csésze forrásban lévő víz
- 1 evőkanál almalé koncentrátum
- ½ teáskanál őrölt szegfűbors
- 4 evőkanál ecet

UTASÍTÁS:
a) Egy nagy lábasban keverjük össze az összes hozzávalót.
b) Gyorsan felforraljuk, majd csökkentjük a hőt alacsonyra, és addig főzzük, amíg a káposzta megpuhul, körülbelül 20 percig.

38.B emelt vörös káposzta málnával

ÖSSZETEVŐK:
- 6 csésze vékonyra szeletelt vöröskáposzta
- 8 oz. / 225 g friss vagy fagyasztott málna
- 4 evőkanál kókuszvaj
- 3 evőkanál univerzális liszt
- 6 borókabogyó
- 1/4 teáskanál őrölt szegfűbors
- 6-8 szem bors egészben
- 2 babérlevél
- 2 evőkanál ecet
- 1 1/2 csésze víz + további 1/2, ha szükséges
- 1/2 csésze száraz vörösbor
- Só és cukor ízlés szerint

UTASÍTÁS:
a) Vékonyra szeleteljük a káposztát (az egyenletes és vékony szelethez használjunk robotgépet).
b) Egy nagy serpenyőben olvasszuk fel a kókuszvajat. Add hozzá a borókabogyót, a fűszereket, a borsot és a babérlevelet, miközben a kókuszvaj olvad. Amikor teljesen összeolvadt, hozzáadjuk a lisztet és simára keverjük.
c) Dobd hozzá a káposztát, a málnát, az ecetet, a vörösbort, 1 1/2 csésze vizet és 1 teáskanál sót. Alaposan keverjük össze, fedjük le, és pároljuk körülbelül 10 percig közepes lángon.
d) Keverés után kóstoljuk meg. Ha nem elég édes a szósz, adjunk hozzá 1 teáskanál cukrot, és ízlés szerint módosítsuk a sót.
e) Főzzük további 10-20 percig, vagy amíg az ízek összeolvadnak.

39.Zöldségleves

ÖSSZETEVŐK:
- zöldségleves (2 sárgarépa, ½ zeller gyökér, 1 póréhagyma, friss petrezselyem)
- 1 csésze (100 g) karfiol rózsa
- ½ csésze (50 g) főtt kukorica
- só, bors
- választható: erőleves kocka, hagyma

UTASÍTÁS:
a) Forraljon fel 2 liter (2 l) vizet egy nagy fazékban.
b) Vágja a sárgarépát, a zellergyökeret és a póréhagymát 6 mm-es szeletekre. Csökkentse a hőt alacsonyra, és a felszeletelt zöldségeket, a karfiol rózsát és a kukoricát a forrásban lévő vízhez adjuk.
c) Ízlés szerint sózzuk, borsozzuk, és közepes lángon körülbelül 40 percig pároljuk.
d) Díszítsük apróra vágott petrezselyem rózsával.

40.Paradicsomleves

ÖSSZETEVŐK:
- 2 liter húsleves
- 2 evőkanál kókuszkrém
- 1 evőkanál liszt
- 5 oz. (150 ml) paradicsompüré
- só, bors
- Kapor

UTASÍTÁS:
a) A leveszöldségekből (2 sárgarépa, 12 hagyma, 12 zellergyökér, 1 póréhagyma, sok petrezselyemszár) szűrjük le a levest, és tartsuk vissza a folyadékot.
b) A kókuszkrémet elkeverjük a liszttel, majd a paradicsompürével együtt a léhez adjuk.
c) Erős lángon felforraljuk, sózzuk, borsozzuk, kaporral díszítjük.
d) Ahhoz, hogy a leves tartalmasabb legyen, adhatunk hozzá rizst vagy tésztát.

41. Ecetes leves

ÖSSZETEVŐK:

- 3 burgonya
- 1 húsleves kocka
- 1 evőkanál kókuszvaj
- 2 nagy savanyúság, finomra vágva
- 1 csésze (250 ml) páclé
- 2 evőkanál kókuszkrém
- 1 evőkanál liszt
- só
- Kapor

UTASÍTÁS:

a) A burgonyát meghámozzuk és fél hüvelykes (1,3 cm) kockákra vágjuk, majd a húsleveskockával és a kókuszvajjal 2 liter vízben felforraljuk.

b) Körülbelül 20 perc múlva adjuk hozzá a finomra szeletelt savanyúságot és a savanyúság levét, amikor a burgonya kezd puhulni.

c) Egy külön tálban összedolgozzuk a kókusztejszínt és a lisztet, majd fokozatosan adjunk hozzá 3 evőkanálnyit a tűzön forrt levesből. Ezután visszatesszük a keveréket a levesbe, és felforraljuk.

d) Ízlés szerint sózzuk és kockára vágott kaprot adjunk hozzá (de előbb kóstoljuk meg a levest, hogy a savanyúság leve ne legyen túl erős).

e) A burgonya helyett rizst is használhatunk. Ha elkészült a leves, hagyja ki az 1. lépést, és adjon hozzá 3 csésze főtt rizst.

42.Savanyú rozsleves

ÖSSZETEVŐK:

- 2 qt. húsleves
- 2 csésze savanyított rozsliszt
- 2 evőkanál liszt
- Só
- 2 gerezd fokhagyma
- választható: gomba

UTASÍTÁS:

a) A leveseket 2 liter vízben forraljuk fel , hogy húsleves legyen. Igény szerint apróra vágott gombát is adhatunk hozzá.
b) A levest átfuttatjuk egy szűrőn, letartva a folyadékot, majd a keveréket és a lisztet a húsleveshez adjuk, amikor a zöldségek megpuhultak (kb. 40 perc).
c) Ízlés szerint sóval ízesíthetjük.
d) Adjuk hozzá a fokhagymát finomra reszelve vagy kockára vágva a húsleveshez.

43.Hűtött cékla leves

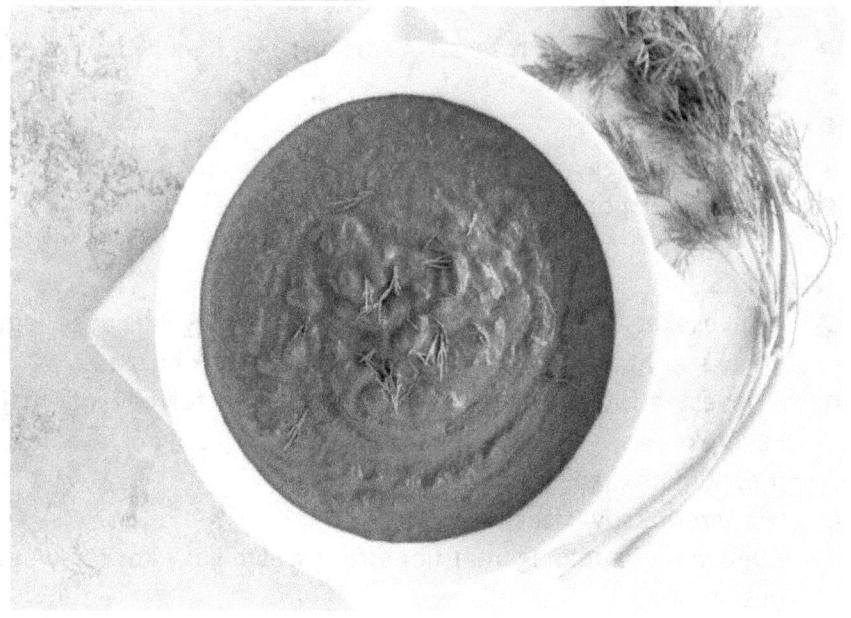

ÖSSZETEVŐK:

- 1 csokor cékla
- 1 uborka
- 3-5 retek
- kapor
- metélőhagyma
- 1 liter sima növényi joghurt
- só, bors
- cukor
- opcionális: citromlé

UTASÍTÁS:

a) Vegyük ki a céklát a fürtből, csak a szárát és a répalevelét vágjuk apróra, és pároljuk kis vízben körülbelül 40 percig puhára. Tálalás előtt hagyjuk kihűlni.
b) Az uborkát, a retket, a kaprot és a metélőhagymát finomra kell vágni. Keverje össze ezeket az összetevőket , valamint a répakeveréket a növényi joghurtban, és alaposan keverje össze.
c) Ízlés szerint ízesítjük sóval, borssal, cukorral és ízlés szerint citromlével. Turmixoljuk vagy pürésítsük a levest, ha simább állagot szeretnénk.
d) Kihűtve, a tetejére kockázott kaporral tálaljuk.
e) Ezt a levest hagyományosan csak a céklanövény szárából és leveleiből készítik. Használhatja azonban csak a céklát. 1 font főtt cékla finomra reszelve és a többi hozzávalóval összekeverve

44.Gyümölcsleves

ÖSSZETEVŐK:
- 1 evőkanál burgonyaliszt
- 1 csésze (250 ml) húsleves, lehűtve
- 3 alma
- 8 oz. (250 g) szilva, vagy cseresznye
- ⅓–½ csésze (75–115 g) cukor

UTASÍTÁS:
a) Zagy készítéséhez keverje össze a hideg húsleves felét a liszttel.
b) Az almát, szilvát vagy cseresznyét 112 liter vízben főzzük meg, miután meghámoztuk őket. Amikor a gyümölcs megpuhult, finom reszelőn lereszeljük, vagy turmixgépben vízzel pürésítjük, ízlés szerint cukorral ízesítjük.
c) Keverjük össze a lisztet és a húsleves zagyot egy keverőtálban.
d) Keverje hozzá a húsleves keveréket, amíg minden megfelelően el nem keveredik.

45.Krumpli leves

ÖSSZETEVŐK:

- 1½ liter zöldségleves
- 2 hagyma
- 2 póréhagyma
- 5 gerezd fokhagyma
- 3 evőkanál olívaolaj
- 4 burgonya
- fűszernövények: babérlevél, kakukkfű, metélőhagyma
- só, bors

UTASÍTÁS:

a) Vágja finomra a hagymát és a póréhagymát, majd szeletelje fel 6 mm-es karikákra, és párolja meg olívaolajon a felszeletelt fokhagymagerezdekkel.
b) A burgonyát tisztítás, hámozás és tisztítás után felkockázzuk.
c) Add hozzá a burgonyát, a fűszernövényeket, sózd és borsozd, amikor a hagyma és a póréhagyma közepesen barna. Pár pillanatig keverjük, majd felöntjük alaplével, és lassú tűzön körülbelül 30 percig főzzük, amíg a burgonya megpuhul.
d) Miután kihűlt a leves, turmixgépben simára pürésítjük. Ízlés szerint sózzuk, borsozzuk.

46.Citromleves

ÖSSZETEVŐK:
- 2 liter húsleves vagy alaplé
- ½–1 csésze (95–190 g) fehér rizs
- 2 citrom
- só, bors
- opcionális: ½ csésze kókuszkrém

UTASÍTÁS:
a) Főzzünk húslevest 2 liter vízzel és leveszöldségekből vagy alaplével (2 sárgarépa, 12 hagyma, 1 zeller, 1 póréhagyma, sok petrezselyem szár).
b) Főzzük a rizst csak a húslevesben vagy az alaplében, amíg pépes nem lesz, körülbelül 25 percig.
c) 1 citromot meghámozunk, finomra szeleteljük, és sóval a forrásban lévő rizsbe dobjuk.
d) Tovább keverjük a levest, miközben hozzáadjuk a maradék citromlevet.
e) Lassú tűzön pár percig főzzük, ízlés szerint sózzuk, borsozzuk.

47. Spárgaleves

ÖSSZETEVŐK:

- 1 font (450 g) fehér spárga
- zöldségleves (2 sárgarépa, 1 póréhagyma, ½ zeller gyökér, friss petrezselyem)
- 2 evőkanál kókuszvaj
- ¼ csésze (30 g) liszt
- sót és cukrot
- ½ csésze (125 ml) kókuszkrém

UTASÍTÁS:

a) Hámozzuk le a spárga héját, és tisztítsuk meg a spárgát. Főzzük puhára a spárgaszárat és a leves hozzávalóit egy lábosban 2 liter vízzel. A húsleves folyadékát meg kell menteni.
b) A spárgafejeket kis vízben külön-külön megfőzzük.
c) A spárga szárát pürésítjük és finomra reszeljük.
d) A pürésített spárgát összekeverjük a leveslével.
e) Egy serpenyőben olvasszuk fel a kókuszvajat, és keverjük hozzá a lisztet, hogy lassú tűzön roux képződjön. Add hozzá a főtt spárgafejeket, sózd, borsozd a leveshez, amíg fő.
f) A végén krutonnal és egy kanál kókuszkrémmel tálaljuk.

48.Cékla saláta

ÖSSZETEVŐK:

- 4 cékla
- 2 evőkanál torma
- 1 teáskanál cukor
- ⅓ csésze (80 ml) borecet
- petrezselyem
- só, bors

UTASÍTÁS:

a) A céklát megtisztítjuk és vízben körülbelül 30 percig főzzük, vagy amíg megpuhul. Ha kihűlt, kivesszük és meghámozzuk.
b) A közepes reszelőnyílások segítségével lereszeljük a céklát.
c) A tormával, cukorral, ecettel, petrezselyemmel, sóval, borssal mártást készítünk, majd villával összeforgatjuk a répával.
d) Hűtéshez tegyük hűtőbe körülbelül 2 órára.
e) A torma helyett hagymát is használhatunk.
f) 1 evőkanál olívaolajon enyhén megdinszteljünk 1 kockára vágott hagymát. Keverjük össze az olívaolajat és a fűszereket, majd adjuk hozzá a szószt és a hagymát a répához, és keverjük össze.

49.Zeller és narancs saláta

ÖSSZETEVŐK:
- 1 nagy zeller gyökér
- 1 narancs vagy 2 mandarin
- ⅓ csésze (25 g) finomra vágott dió
- ½ csésze (125 ml) kókuszkrém
- só
- opcionális: ⅓ csésze (25 g) mazsola

UTASÍTÁS:
a) A közepes reszelőnyílások segítségével reszelje le a zeller gyökerét.
b) Hámozza meg a narancsot vagy a mandarint, és szeletelje fel 6 mm-es kockákra.
c) A zellert, a narancsot és a diót villával összekeverjük, majd hozzáadjuk a kókuszkrémet.
d) Ízlés szerint egy csipet sót szórunk bele. Ha akarod, adhatsz hozzá mazsolát.

50.Zöldség saláta

ÖSSZETEVŐK:

- 5 főtt sárgarépa
- 2 főtt petrezselyemgyökér
- 5 főtt burgonya (elhagyható)
- 1 kis főtt zellergyökér (kb. 15 nap)
- 5 ecetes uborka
- 2 alma
- 1 kis doboz kukorica (elhagyható)
- 1 doboz zöldborsó
- 1 evőkanál mustár
- só, bors, petrezselyem, kapor

UTASÍTÁS:

a) Öblítse le és főzze meg a zöldségeket anélkül, hogy meghámozná őket (egyenként); lehűtjük és meghámozzuk.
b) Távolítsuk el a magházat az almákról, és hámozzuk meg.
c) A zöldségeket, savanyúságokat és almát éles késsel kis négyzetekre vágjuk. A zöldhagymát apróra kell vágni, a borsót pedig leszűrni. Sózzuk, borsozzuk.
d) A salátára szórjuk a petrezselymet és a kaprot. Hagyjon egy órát az előkészítésre.
e) Díszít

51.Uborka kókuszkrémben

ÖSSZETEVŐK:
- 1 nagy uborka maggal vagy anélkül, vékonyra szeletelve
- 1 vöröshagyma vékonyra szeletelve és karikákra vágva
- 1/2 csésze kókuszkrém
- 1 teáskanál cukor
- 2 teáskanál fehér ecet (elhagyható)
- 1 evőkanál apróra vágott friss kapor
- só, bors

UTASÍTÁS:
a) Keverje össze a kókusztejszínt, az ecetet, a cukrot és a borsot egy tálban.
b) Adjuk hozzá az uborkát és a hagymát, és keverjük össze.

52.Karalábé leves

ÖSSZETEVŐK:

- 1 karalábé meghámozva, felkockázva, leveleit is felhasználva
- 1 közepes vöröshagyma apróra vágva
- 1 közepes sárgarépa meghámozva, felkockázva
- 2 közepes burgonya meghámozva, felkockázva
- 2 evőkanál petrezselyem és kapor apróra vágva
- 1 l zöldségalaplé forrón
- 1 evőkanál olaj és vaj mindegyik
- Tengeri só és bors ízlés szerint
- 1 evőkanál kukoricakeményítő plusz 2 evőkanál forró víz

UTASÍTÁS:

a) Hámozzuk meg és vágjuk durvára a karalábé leveleket, a szárakat eldobjuk. A karalábét, a sárgarépát és a burgonyát kockákra vágjuk.

b) Egy nagy lábosban felforrósítunk 1 evőkanál olajat, majd hozzáadjuk a hagymát és 3 percig, vagy amíg megpuhul, pároljuk. Főzzük néhány percig, gyakran kevergetve a többi zöldséggel és a petrezselyemmel.

c) Adjuk hozzá a zöldséglevet, fűszerezzük a borsot, keverjük össze, fedjük le és forraljuk fel, majd mérsékeljük alacsony lángon, és főzzük, időnként megkeverve körülbelül 30 percig, vagy amíg a zöldségek megpuhulnak.

d) Adjuk hozzá az apróra vágott kaprot, és pároljuk még 3 percig. Ekkor már besűrítheti a levest (bár nem muszáj). Ehhez keverjen össze 2 evőkanál forró vizet kukoricakeményítővel, majd keverje hozzá a leveshez, és főzze 3 percig.

e) Lehúzzuk a tűzről, ízlés szerint fűszerezzük, és tálalás előtt egy evőkanál vajat dobunk bele.

53.Ukrán bableves

ÖSSZETEVŐK:

- 1 font Fehér bab, szárítva
- 1½ font Savanyú káposzta
- ¾ font Só sertés
- 4 burgonya, kockára vágva
- ½ csésze Növényi olaj
- 1½ evőkanál Liszt
- 1 db Hagyma, lg. durvára vágva
- 1 teáskanál Só
- 1 teáskanál Fekete bors
- 4 babérlevél
- 3 Gerezd fokhagyma, darálva
- 2 evőkanál Paprika
- ½ csésze Joghurt, sima
- 1 db Sárgarépa, lg. apróra vágva

UTASÍTÁS:

a) Áztassuk be a babot egy éjszakán át. Külön főzzük meg a húst, a burgonyát, a babot és a savanyú káposztát.
b) A húst kicsontozzuk, ha elkészült, és ½"-os kockákra vágjuk. A burgonyát felkockázzuk. A babot összetörjük.
c) Az olajból, lisztből és hagymából roux-t készítünk. A húst és a zöldségeket egy edénybe tesszük , hozzáadjuk a roux-t és a babérlevelet.
d) Felöntjük az alaplével , és még 10 percig főzzük.

FŐÉTEL

54.Gefullte hal Ukrajnából

ÖSSZETEVŐK:
KÉSZLET
- 4 szárzeller – 4 hüvelykes szeletekre vágva
- 2 hagyma -- negyedelve
- 1 zöldpaprika – kockákra vágva
- 3 sárgarépa – félbevágva
- 8 csésze víz
- A halak és a fejek csontjai
- 1 evőkanál frissen őrölt bors
- 12 szál petrezselyem
- 2 teáskanál cukor
- 1 babérlevél nem kötelező

HAL
- 4 kilós csuka
- 1 kiló fehérhal
- 1 kiló ponty
- 1 evőkanál Só
- 2 közepes hagyma – finomra reszelve
- 6 nagy tojás
- 1 evőkanál növényi olaj
- 1 teáskanál cukor
- ½ csésze Matzah étkezés

UTASÍTÁS:
a) Tegye az alaplé összes hozzávalóját egy nagy, fedővel ellátott vízforralóba. felforraljuk, majd lefedjük és a hőt mérsékelve pároljuk.

b) Amíg az edény felforrására vár, kezdje el a hal előkészítését. Fatálban. az őrölt halhoz adjuk hozzá a hal alatt felsorolt összes összetevőt, óvatosan aprítsuk fel és turmixoljuk össze.

c) Nedvesítsd meg a kezed, és formálj halkeveréket zsíros, ovális alakú pogácsákká, mindegyiket óvatosan csúsztasd a forrásban lévő alaplébe. Lassan főzzük 2 órán keresztül.

55. Ukrán kapros csirke

ÖSSZETEVŐK:

- 1 Brojler-friyer csirke vágott
- Tálaláskor
- ½ csésze liszt
- 1 teáskanál Só
- ½ teáskanál bors
- 3 evőkanál vaj vagy margarin
- 1 csésze Víz
- 1 kis hagyma, apróra vágva
- 1 gerezd fokhagyma, felaprítva
- 2 evőkanál Liszt
- 1 csésze tejföl vagy édes tejszín
- 1 teáskanál Aprított kapor

UTASÍTÁS:

a) A lisztet, sót és borsot összekeverjük egy műanyag zacskóban. Egyenként hozzáadjuk a csirkedarabokat, és összerázzuk. A lisztezett csirkedarabokat serpenyőben vajban lassan megbarnítjuk.

b) Adjunk hozzá vizet, hagymát és fokhagymát, és főzzük alacsony lángon 40 percig. Keverjük össze a lisztet a tejszínnel. Adjunk hozzá kaprot, és keverjük a csirkehúshoz.

c) Forraljuk fel alaposan, de ne forraljuk fel. Főtt újburgonyával, rizzsel vagy tésztával tálaljuk.

56.Ukrán hús- és halpörkölt

ÖSSZETEVŐK:

- ½ kiló Darált marhahús
- ½ font Darált bárány
- ½ font hering, friss, kockára vágva,
- Megnyúzott és kicsontozott
- ½ csésze natúr joghurt
- 4 evőkanál vaj
- 4 tojás, szétválasztva
- 1 gerezd fokhagyma aprítva
- 1 db Hagyma lg. apróra vágva
- 4 burgonya meghámozva és megfőzve
- ½ teáskanál Só
- ½ teáskanál fekete bors
- 2 evőkanál kecskesajt <feta> morzsolva
- 3 evőkanál zsemlemorzsa
- 4 evőkanál Sárgarépa felaprítva

UTASÍTÁS:

a) Tegyünk egy tálba 1 liter tejet, és áztassuk benne a heringet 8-12 órára.

b) Törölje szárazra, ügyelve arra, hogy eltávolítson minden csontot. A hagymát és a fokhagymát 2 T vajban aranysárgára pirítjuk. A darált húsokat serpenyőben megsütjük, és robotgépbe tesszük. Adjuk hozzá a hagymát, a fokhagymás heringet és a burgonyát. Addig aprítjuk, amíg sima keveréket nem kapunk. Hozzákeverjük a joghurtot és a tojássárgáját. Adjuk hozzá a fűszereket.

c) Melegítsük elő a sütőt 400 F.-ra, és kivajazunk egy nagy tepsit. Ezen a ponton adjuk hozzá a felaprított sárgarépát.

d) A tojásfehérjét kemény habbá verjük, de nem száraz, majd hozzáadjuk a masszához. A masszát beleforgatjuk a kivajazott tepsibe.

e) Megszórjuk zsemlemorzsával és kecskefeta sajttal, megkenjük a maradék vajjal, majd 45 percig sütjük. Forrón tálaljuk.

57.Ukrán bográcssült

ÖSSZETEVŐK:
- 1 csésze tejföl vagy natúr joghurt
- 1 db Hagyma lg. szeletelt
- Mindegyik sárgarépa szeletelve
- 3½ font serpenyőben sült
- 4 Só sertés szelet
- 2 evőkanál mogyoróhagyma apróra vágva
- ¾ csésze bordó vörösbor
- Só és bors ízlés szerint
- ½ csésze gomba frissen szeletelve
- 2 burgonya, 1/2"-os kockára vágva
- 1 teáskanál ecet

UTASÍTÁS:
a) Tegye a sós sertésszeleteket egy serpenyő aljába. Ezután keverjük össze a mogyoróhagymát, a sárgarépa szeleteket, a burgonyakockákat és a hagymát, majd vastag rétegben helyezzük a sózott sertéshús tetejére.
b) Dörzsölje be az edénysültet sóval és borssal ízlés szerint, majd pirítsa meg minden oldalát. Vegyük ki a serpenyőből és tegyük a sütőbe.
c) Adjuk hozzá a bort és a tejfölt. Ügyeljen arra, hogy a tejföl szobahőmérsékletű legyen, különben megkeményíti a húst.
d) Helyezze a pecsenyesütő fedelét a sütőre, és süsse a sütőben 350 F-on 2 és fél órán keresztül. A pörkölt eltávolítása után a levekből lefejtjük a zsírt.
e) Liszttel besűrítjük, hozzáadjuk az ecetet és felforraljuk. A mártást leszűrjük, és a felszeletelt húsra tálaljuk.

58.Ukrán káposzta tekercs köles

ÖSSZETEVŐK:

- 2 kilogramm káposzta
- 250 milliliter köles
- 50 gramm sós sertéshús
- 2 sárgarépa
- 1 hagyma
- 2 evőkanál Liszt
- 4 evőkanál paradicsompüré
- 8 evőkanál tejföl
- 2 evőkanál vaj
- 2 csésze víz; vagy szükség szerint húslevest
- Csípőspaprika
- Só; megkóstolni

UTASÍTÁS:

a) Öntsünk forrásban lévő vizet egy fej káposzta szárával.
b) Válassza le a leveleket a fejről, és vágja le az ereket. A hagymát és a sárgarépát felkockázzuk (a julienne jól működik a sárgarépán), és addig pároljuk, amíg a hagyma barnulni nem kezd. A kölest alaposan megmossuk, felöntjük vízzel és felforraljuk. Szűrjük le, és keverjük össze apróra vágott sós sertéshússal, sárgarépa/hagyma keverék paprikával, sóval és a nyers tojással. Kézzel alaposan összekeverjük, majd a keverékből adagokat a káposztalevelekre helyezünk, szorosan feltekerjük és a végeit becsavarjuk.
c) A káposzta tekercsek feltekerése közben tegyük be egy holland sütőbe, és öntsük hozzá a tejfölös öntetet, alaposan forraljuk le, szűrjük le, sózzuk és tálaljuk.
d) Tejfölös öntet: A lisztet a vajban megpirítjuk. Adjuk hozzá a paradicsompürét és a tejfölt, valamint a kölesből készült húsleves egy részét.
e) VÁLTOZTATÁS: Tegyük a káposzta tekercseket egy nagy tepsibe, hígítás nélkül készítsük el a tejfölös öntetet, fedjük le a tekercseket és süssük 325 fokon kb.

59. Ukrán marhahús strogano ff

ÖSSZETEVŐK:

- 3 kilós Filet mignon tippek
- 1 csésze hagyma apróra vágva
- 4 evőkanál vaj sótlan
- 1½ font Gomba kicsi, 1/2" vagy kisebb
- ⅔ csésze nehéz krém
- ¾ csésze tejföl vagy natúr joghurt
- 2¼ teáskanál dijoni mustár
- 2 evőkanál kapor frissen, apróra vágva
- 1½ evőkanál friss petrezselyem
- ⅔ csésze marhahúsleves
- Só és bors ízlés szerint
- 2¾ teáskanál liszt

UTASÍTÁS:

a) Vágja fel a marhahúst vékony csíkokra kb. 1½" - 2" hosszúságú.

b) Egy nagy öntöttvas serpenyőt erős lángon felforrósítunk, és egyenként adjuk hozzá a húst, hogy a hús megpiruljon. A húst levesszük a tűzről és félretesszük.

c) A serpenyőben mérsékeljük a hőt közepesre, és olvasszuk fel a vajat.

d) Hozzáadjuk a hagymát, puhára pároljuk <kb. 4-5 perc>. Közepes magasra emeljük a hőt, hozzáadjuk a gombát, megpirítjuk; gyakran keverjük meg, főzzük 15-20 percig. Alacsony lángon közepesre szórjuk bele a lisztet, jól keverjük 1-3 percig. Hozzákeverjük az alaplevet, a tejszínt, a tejfölt és a mustárt.

e) Fedjük le, csökkentsük a hőt alacsonyra, és pároljuk 5-7 percig. TILOS FŐRNI! Tegyük vissza a húst a serpenyőbe, keverjük össze a szósszal, keverjük hozzá a kaprot és a petrezselymet, és tálaljuk.

60.Vegetáriánus bigók

ÖSSZETEVŐK:
- 1 c szárított gomba
- 2 közepes hagyma, apróra vágva
- 2 evőkanál olaj
- 8-10 oz. / 250 g friss gomba
- 1/2 teáskanál só
- 1/4 - 1/2 teáskanál őrölt bors
- 5-6 szem bors és szegfűbors bogyó
- 2 babérlevél
- 1 sárgarépa
- 15 aszalt szilva
- 1 teáskanál kömény
- 1 evőkanál füstölt paprika
- 3 evőkanál paradicsompüré
- 1 c száraz vörösbor
- 1 fej közepes káposzta

UTASÍTÁS:
a) Áztassa a szárított gombát vízben legalább egy órára.
b) Egy nagy lábasban olajat hevítünk, és megdinszteljük az apróra vágott hagymát. A gombát megtisztítjuk és felszeleteljük, majd hozzáadjuk a hagymához, ha már a széle körül barnulni kezdett. Tovább pirítjuk sóval, törött borssal, szemes borssal, szegfűborssal és babérlevéllel.
c) A sárgarépát meg kell hámozni és felaprítani. Dobd az edénybe.
d) Hozzákeverjük a felnegyedelt aszalt szilvát, a köményt, a füstölt paprikát, a paradicsompürét és a bort.
e) A káposztát negyedeljük és szeleteljük. Az edényben mindent összekeverünk.
f) Fedjük le, és főzzük a káposztát, amíg térfogata kissé csökken. Főzzük további 10 percig, vagy amíg a káposzta megpuhul.

61. Ukrán gombóc

ÖSSZETEVŐK:

- 6-7 közepes burgonya, meghámozva
- 1 szint evőkanál só
- 120 g burgonyakeményítő, szükség szerint

UTASÍTÁS:

a) A burgonyát sós vízben puhára főzzük. Lecsöpögtetjük, és burgonyanyomóval simára törjük. Ha egy burgonyaréteget szeretne készíteni a serpenyő alján, nyomja le a kezével.

b) A burgonyaréteget késsel négy egyenlő részre vágjuk. Távolítson el egy komponenst, és egyenletesen ossza el a maradék három között. A serpenyőnek csak a negyede kerül felhasználásra.

c) Adjunk hozzá annyi burgonyalisztet, hogy az üres negyedet a burgonyaréteggel megegyező szintre töltse. A lisztbevonatot ki kell simítani.

d) Egy nagy fazékban felforraljuk a vizet.

e) Kézzel kis diónyi golyókat formázunk. Enyhén lapítsuk el, és a hüvelykujjunk segítségével szúrjunk egy lyukat a közepébe.

f) A forrásban lévő vízhez adjunk néhány gombócot, ügyelve arra, hogy ne zsúfolja túl a serpenyőt. Fakanállal keverjük össze, hogy ne tapadjanak a serpenyő aljához, és addig főzzük, amíg fel nem úsznak a tetejére. Egy lyukas kanál segítségével vegyük ki a csirkét, és mártással vagy tejszínnel tálaljuk.

62. Édes túrós szendvicsek

ÖSSZETEVŐK:

- friss kenyér vagy zsemle
- 200 g-os adag vegán túró
- lekvár, áfonyaszósz, juharszirup vagy csokis likőr
- Csipet cukrot
- néhány teáskanál növényi tejet

UTASÍTÁS:

a) A túrószeleteket vagy csomókat friss kenyérre vagy zsemlére kell helyezni.
b) Minden szendvicsre szórjuk a cukrot .
c) Egy teáskanál segítségével szórjunk rá cukrot és néhány csepp növényi tejet.
d) Melegítse fel a szendvicseket a mikrohullámú sütőben, vagy süsse meg a sütőben. Tartsa rajta néhány másodpercig, amíg a sajt és a kenyér meleg, de nem forró lesz. Vegye ki a szendvicseket az egyenletből.
e) Helyezzen egy-egy lekvárt minden szendvicsre.

63.R jég almával

ÖSSZETEVŐK:

- 2 csésze rizs
- 4 csésze növényi tej
- 1/2 teáskanál só
- 4 savanyú alma
- 1/4 teáskanál őrölt szerecsendió
- 2 evőkanál cukor
- 1/12 teáskanál fahéj
- 1 teáskanál vanília
- 2 teáskanál + 2 teáskanál kókuszvaj

UTASÍTÁS:

a) Egy közepes lábosban melegítsünk növényi tejet sóval. Adjuk hozzá a megmosott rizst, és lassú tűzön főzzük készre.
b) Folytassa a rizs keverését. Csak akkor kaparjuk le, ha az aljához tapad. Óvatosan keverjük tovább, amíg a rizs elkészül.
c) Melegítsük elő a sütőt 350 Fahrenheit fokra (180 Celsius fok).
d) Az almát meghámozva és kimagozva zöldségaprítógépben felaprítjuk. Addig főzzük, amíg a folyadék el nem párolog egy száraz serpenyőben, szerecsendióval.
e) Adjunk hozzá cukrot, fahéjat és vaníliát a főtt rizshez. Az egészet alaposan keverjük össze.
f) Kenjünk ki egy 20 x 20 cm-es tepsit kókuszvajjal. A rizs fele kerüljön a serpenyő aljába, majd az összes alma és a maradék rizs. A tetejére vékony szelet kókuszvajat teszünk.
g) 20 percig főzzük. Melegen vagy hűtve tálaljuk.

64. Tészta és gombóc

ÖSSZETEVŐK:

- 2 csomag száraz élesztő
- 4 teáskanál cukor
- 1 csésze plusz 2 evőkanál meleg növényi tej
- 1 kilós univerzális liszt
- 1 teáskanál só
- 3 evőkanál kókuszvaj, olvasztott

UTASÍTÁS:

a) Készítsen szivacsot egy kis tálban úgy, hogy az élesztőt és a cukrot feloldja a növényi tejben, és elkever 1/2 csésze lisztben.

b) Keverje össze a maradék lisztet, sót és élesztőt egy nagy keverőtálban. Keverje körülbelül 5 percig kézzel vagy géppel, vagy amíg felhólyagosodik és leválik a tál oldaláról. A kihűlt olvasztott kókuszvajat alaposan elkeverjük.

c) Addig kelesztjük, amíg a duplájára nem nő. Lisztezett felületre borítjuk, és ha túl ragacsos a tészta, további lisztet gyúrunk bele. Vágja le 3 hüvelykes vágóeszközzel vagy üveggel, miután 1 hüvelyk vastagságúra simította. A törmeléket másodszor is vissza lehet hengerelni és vágni. Hagyjuk kétszeresére kelni.

d) Közben két nagy edényt tölts fel 3/4-ig vízzel. Az edények tetejére mészáros zsinórral kössünk lisztzsákot vagy más szöszmentes anyagot, és forraljuk fel a vizet. Tegyünk annyi gombócot, amennyi belefér a tartályba.

e) Pároljuk a gombócokat 15 percig fedővel a serpenyő tetején. A gombóc összeesik, ha a párolás közben felemeli a fedelet.

f) Alternatív megoldásként helyezzünk fröccsszűrőt az edény tetejére, adjunk hozzá annyi gombócot, amennyi belefér, anélkül, hogy érintenénk, majd fedjük le egy felfordított hőálló műanyag tálkával.

g) A gombócokat rácsra tesszük kihűlni. Fagyassza le vagy tárolja a gombócokat cipzáras zacskóban a hűtőszekrényben.

65.Tészta és vegán sajtok e

ÖSSZETEVŐK:

- 2 csésze vegán tészta
- 7 oz. / 200g vegán túró
- 4 evőkanál kókuszkrém _
- 2 evőkanál kókuszvaj _
- 2-4 evőkanál juharszirup
- csipetnyi fahéj (elhagyható)

UTASÍTÁS:

a) A tészta főzéséhez kövesse a csomagoláson található utasításokat .

b) A tésztát lecsöpögtetés után a kókuszvajjal megforgatjuk.
c) Összeállítjuk a spagetti tányérokat.
d) Adjuk hozzá a sajtmorzsát a tésztához.
e) A tetejére kenjünk egy réteg kókuszkrémet.
f) A tetejére juharszirupot csepegtetünk. Dobhatsz bele egy csipet fahéjat is.

66.M makaróni eperrel

ÖSSZETEVŐK:

- M akaróni tetszés szerint
- 3 csésze eper, frissen vagy fagyasztva
- 1 csésze natúr növényi joghurt, kókuszkrém vagy görög növényi joghurt
- cukor ízlés szerint

UTASÍTÁS:

a) Kövesse a csomag utasításait az Ön által választott tészta elkészítéséhez.

b) Mossa meg és távolítsa el a szárát az eperről. Vágjon fel néhány epret, hogy az edény tetejére tegye.

c) Turmixgépben keverje össze a maradék epret, tejszínt vagy növényi joghurtot, cukrot és vaníliakivonatot.

d) Ha dúsabb szószt szeretnél, akkor villával pépesítsd az epret, vagy adagonként keverd össze, így az utolsó epret a turmixgéppel egy kicsit felpörgetve.

e) A főtt makarónit az eperszósszal megforgatjuk. Hidegen vagy melegen is finom.

67.Tészta gombával

ÖSSZETEVŐK:

- 1 közepes fejes káposzta
- 2 csésze gomba
- 1 hagyma
- 1 sárgarépa
- G arhagyma, 1-2 gerezd
- 2 csepp balzsamecet vagy más ecet
- S fűszerek, például majoránna, kapor, kömény, só és bors ízlés szerint
- 1 rúd kókuszvaj
- Vegán tészta

UTASÍTÁS:

a) Egy nagy serpenyőben felolvasztjuk a kókuszvajat és megdinszteljük a hagymát és a gombát.

b) Dobd bele a sárgarépát és a fokhagymát. Adjuk hozzá a káposztát, ha a fokhagyma megpirult és a hagyma átlátszóvá vált.

c) Adjunk hozzá egy kis vizet, és főzzük tovább, amíg a káposzta megpuhul. A káposzta főzéséhez szükséges idő a korától és az aprítás módjától függ.

d) Adjuk hozzá a maradék kókuszvajat, egy-két fröccsent ecetet, a fűszert és ízesítsük, ahogy a víz csökken. Ízlés szerint sózzuk, borsozzuk.

e) Tészta oldalával tálaljuk.

68.Vegán sajt retekkel

ÖSSZETEVŐK:

- 3 csésze vegán sajt
- ½ csésze kókusztejszín (teljes zsír)
- 1 csokor retek
- 1 csokor metélőhagyma
- só, bors, fűszerezés ízlés szerint

UTASÍTÁS:

a) Készítse elő a retket és a metélőhagymát. A retket meg kell mosni, és tetszőleges formára vagy méretre vágni.
b) Díszítsd a vegán sajt tetejét retekkel. Ugyanígy folytassa a metélőhagymával. Vegye ki az egyenletből.
c) Addig adjuk hozzá a kókuszkrémet, amíg el nem érjük a kívánt állagot.
d) Melegítsük elő a sütőt 350°F-ra, és fűszerezzük a sajtot sóval és borssal. Hagyja ezt, vagy tetszés szerint hozzáadhat további fűszereket.
e) Végül egy nagy keverőtálban keverjük össze a felkockázott retket és a metélőhagymát. Díszítsük retekkel és metélőhagymával az utolsó tálban.

69.P asta mákkal

ÖSSZETEVŐK:

- 300 g lisztet
- csipet só
- 1 csésze mák
- 3 kanál juharszirup
- 2 kanál mazsola
- 2 evőkanál mandula szirom
- 1 kanál apróra vágott dió
- 1 kanál narancshéj

UTASÍTÁS:
MÁKMASSZÁHOZ _

a) Öblítse le a mákot folyó víz alatt. Ezt követően öntsük fel forrásban lévő vízzel. Óvatosan csepegtessük le.
b) A mákot őröljük finom porrá.
c) Egy edénybe öntsünk három kanál juharszirupot, és kezdjük el melegíteni. Folyékony juharszirup helyett használhat szilárd juharszirupot. A magasabb hőmérséklet miatt meg kell olvadnia.
d) Dobd bele az egész mákot a mazsolával, a dióval, a narancshéjjal és a mandula szirmokkal együtt.
e) Körülbelül 5 percig főzzük rendszeresen kevergetve, amíg a mákos massza meleg és homogén nem lesz.
f) Vegyük le a mákot a tűzhelyről, és kapcsoljuk ki a hőt.

TÉSZTA

g) 300 g lisztből halmot készítünk. Ízesítsük egy csipet sóval.
h) Készítsünk tésztát. Körülbelül 15 percig dagasztjuk, vagy amíg sima és egyenletes színű nem lesz.
i) Formázzunk golyót a tésztából és tegyük a tálba. Fedjük le tiszta ruhával, és tegyük vissza a sütőbe további 20-30 percre.
j) Egy asztalt vagy cukrászdeszkát szórjunk meg liszttel. 20-30 perc elteltével a tésztát kb. 2 mm vastag csomóvá tekerjük.
k) Vágja a fürtöt 2-3 cm oldalhosszúságú kis négyzetekre.
l) A négyzeteket sós vízben felforraljuk. Folytasd úgy, mintha bolti tésztát főznél.

70.Ukrán hal

ÖSSZETEVŐK:
A VEGÁN FILSÉHEZ
- 300 g kemény tofu
- 1 citrom fél héja és egész leve
- 1 evőkanál kapribogyó sóoldat
- 1 evőkanál fehérborecet
- 1 lap sushi nori
- 70 g sima liszt

A FELTÉTRE
- 1 barna hagyma vékonyra szeletelve
- 1 póréhagyma szeletelve
- 1 kis paszternák reszelve
- 3 sárgarépa lereszelve
- 3 szegfűbors bogyó
- 2 szárított babérlevél
- 1 teáskanál édes paprika
- 1 evőkanál paradicsompüré
- 1 teáskanál teljes kiőrlésű mustár opcionális

UTASÍTÁS:
A VEGÁN FILSÉHEZ

a) Vágjuk a tofutömböt 6 egyenlő nagyságú darabra.

b) Egy széles tálban vagy mély tálcában keverje össze a citrom levét és héját, a kapribogyót és a fehérborecetet, és öntse a tofu szeletekre. Hagyjon legalább egy órát pácolódni.

c) A pácolás befejezése után tekerjen egy nori csíkot minden darab köré. A noriba csomagolt tofu megnedvesítéséhez a maradék pácba mártsuk, majd sima lisztbe forgatjuk.

d) Egy szép tapadásmentes serpenyőben hevítsük fel az olívaolajat közepesen magas lángon. Amikor a serpenyő forró, adjuk hozzá a tofudarabokat, ügyelve arra, hogy ne érintkezzenek. 3 percig sütjük az első oldalán, vagy amíg aranybarna és ropogós nem lesz. A tofu megfordítása után 3 percig főzzük az ellenkező oldalon.

A FELTÉTRE

e) Egy nagy serpenyőben közepes lángon felforrósítunk egy kevés olajat vagy zöldséglevest, majd hozzáadjuk a hagymát. Körülbelül 3 percig főzzük, vagy amíg el nem kezd puhulni.

f) Keverjük össze a póréhagymát, a sárgarépát és a paszternákot egy keverőtálban. Csökkentse a hőt alacsonyra, és párolja, időnként megkeverve, körülbelül 4 percig, vagy amíg a zöldségek megpuhulnak.

g) Ha használja, keverje hozzá a szegfűbors bogyókat, a babérlevelet, az édes paprikát, a paradicsompürét és a teljes kiőrlésű mustárt. Alaposan keverjük össze, és főzzük alacsony fokozaton további 15 percig, időnként megkeverve.

h) 15 perc múlva távolítsa el a szegfűbors bogyókat és a babérleveleket.

i) Helyezze a vegán filéket egy tányérra, és tegye a tetejére egy bőséges adag sárgarépa keveréket. Élvezd!

71.Káposztatekercsek

ÖSSZETEVŐK:

- 1 fej fehér káposzta
- 120 g hajdina dara
- 3 evőkanál kókuszvaj
- 2 evőkanál olívaolaj
- 1 hagyma, apróra vágva
- 1 gerezd fokhagyma, felaprítva
- 300 g gomba, apróra vágva
- 1 evőkanál szárított majoránna
- 2 db zöldségleves kocka
- szójaszósz ízlés szerint
- só és bors ízlés szerint

UTASÍTÁS:

a) Forraljuk fel egy nagy kanna vízben. Távolítsa el a magot a káposztáról, mielőtt az edénybe helyezi. Amikor a külső levelek megpuhulnak, távolítsuk el őket. A káposztabordák vastag részét le kell vágni. Vegye ki az egyenletből.

b) Közben elkészítjük a hajdina darát a csomagolási útmutató szerint. Lecsepegtetjük és félretesszük 1 evőkanál kókuszvajat.

c) Egy serpenyőben felforrósítjuk az olajat, és megdinszteljük benne a hagymát és a fokhagymát.

d) Olvassz fel 1 evőkanál kókuszvajat ugyanabban a serpenyőben, és pirítsd meg a gombát. Dobd bele a megdinsztelt hajdinát és a hagymát. Majoránna, szójaszósz, só, bors ízlés szerint. Keverjük össze alaposan.

e) Helyezzen apró vagy törött káposztaleveleket egy rakott edény aljára. Mindegyik levél közepére tegyünk körülbelül 2 teáskanál tölteléket.

f) A káposzta szárvégét ráhúzzuk a töltelékre, majd ráhajtjuk a káposzta oldalát. Csinálj egy csomagot a káposztából úgy, hogy feltekerd, és a végeit átlapolva lezárod. Helyezze mindegyiket az elkészített rakott edénybe, varrás oldalával lefelé.

g) Egy 500 ml-es mérőedényben oldjuk fel az alaplékockákat, és öntsük rá a káposzta tekercsekre. Adjuk hozzá a kókuszvaj utolsó részét is. Fedjük le a többi káposztalevéllel.

h) Lassú tűzön 30-40 percig pároljuk.

72. Potato és Vegan Cheese Pierogi

ÖSSZETEVŐK:
PIEROGI TÖSZTA - 1 TÉTEL
- 3 csésze liszt, plusz liszttel a munkafelület leporolásához
- 1 csésze forró víz
- 1 evőkanál kókuszvaj vagy olaj

burgonya-sajtos töltelék
- 2 font. burgonya (kb. 4 csésze tört)
- 2 csésze vegán sajt
- 2 hagyma
- só és bors ízlés szerint
- kókuszkrém , a tetejére

UTASÍTÁS:
burgonya-sajtos töltelék

a) A burgonyát meghámozzuk és megfőzzük. Burgonyanyomóval vagy burgonyarizselővel enyhén áttörjük a burgonyát. Nem szükséges keverőt használni. Nem szükséges, hogy a burgonya teljesen sima legyen. Hagyja kihűlni a burgonyát.

b) A hagymát apróra vágjuk, és kókuszvajban vagy olajon megpirítjuk. A sült hagyma fele kerüljön a burgonyába, a másik fele pedig a pierogi tetejére.

c) A vegán sajttal fejezzük be.

d) Sózzuk és borsozzuk a töltelékt ízlés szerint; szerintem soha nem lehet túl sok só és bors. Kóstoljuk meg a töltelékt, és ha szükséges, adjunk hozzá még. Amíg a tésztát készíted, lehűtheted a töltelékt. A töltelékt néha előző nap elkészítem, mert a hideg töltelékkel egyszerűbb elbánni.

PIEROGI TÉSZTA

e) A lisztet levegőztetni kell. Szitáljuk át a lisztet, habosítsuk fel egy tálban, vagy keverjük 20 másodpercig egy konyhai robotgépben.

f) Forraljuk fel a vizet ugyanúgy, mint egy csésze teát. Adjunk hozzá egy evőkanál kókuszvajat vagy olajat egy csésze forrásban lévő vízhez.

g) Lassan öntse a forró vizet a lisztbe, és keverje össze, először fakanállal, majd kézzel, ha a víz túl forró. Miközben a

robotgépben keverjük, apránként adjunk hozzá forrásban lévő vizet.
h) Addig adjunk hozzá forró vizet, amíg lágy, rugalmas tésztát nem kapunk. Adjunk hozzá még egy kis lisztet, ha a tészta túl ragadós. Adjunk hozzá egy kevés vizet, ha a tészta túl száraz. Eltávolodik a robotgép széleitől, és golyót alkot.
i) Lisztezett sodrófával kinyújtjuk a tésztát lisztezett felületen. Nyújtsuk ki a pierogi tésztát olyan vastagságúra, amivel dolgozni szeretnénk. A professzionális pierogi készítők nagyon vékonyra tekerik a tésztájukat, de mivel az én családom tésztaszerű, kicsit vastagabbra is tudom tekerni.
j) Nyújtsa ki a tésztát körökre, töltse meg burgonyás és sajtos töltelékkel kanállal vagy előre sodort golyókkal, hajtsa össze, és csípje össze. Ha nem várunk túl sokáig, a tészta még mindig puha lesz, és csak pár csipet vízre lesz szükségünk a pierogi lezárásához.
k) Lisztezzen be egy munkafelületet, és fedje le konyharuhával, amíg fel nem forr.
l) Egy kis serpenyőben lassan forraljon fel vagy pároljon egy kis adag pierogit. Ne felejtse el sóval ízesíteni a vizet. Tartsa szemmel a pierogit, és főzd 3-5 percig, amikor elkezdenek lebegni. Vágjuk ki a vízből egy réskanállal, és tegyük egy edényre vagy tálcára kihűlni.
m) Készítsd el az ételt olajjal vagy kókuszvajjal, és ne felejts el kókuszvajjal megkenni a pierogit. Amikor forróak, vigyázzon, nehogy átfedje őket, mert összetapadnak.
n) Tálalás előtt tegyük meg a pierogit sült hagymával és egy kanál kókuszkrémmel.

73.Sült sör tofu

ÖSSZETEVŐK:
- 250 g natúr tofu
- 2 evőkanál paradicsompüré
- 100 ml sör
- 1 nagy kanál szójaszósz
- fél evőkanál juharszirup
- fél teáskanál füstölt vagy édes paprika
- negyed teáskanál köménypor
- negyed teáskanál chilipor vagy cayenne bors
- egy csipet fahéj
- só ízlés szerint

UTASÍTÁS:
a) Öblítse le a tofut, és törölje szárazra konyhai papírral, amennyire csak lehetséges. 1,5 cm vastag szeletekre vágjuk, és még konyhai papírba csomagoljuk.

b) Helyezzen egy súlyt a tetejére, hogy a lehető legtöbb folyadékot kiszívja, és közben készítse el a szószt.

c) Keverje össze a sört, az agave szirupot, a juharszirupot vagy az édes rizsszirupot egy keverőtálban.

d) Egy keverőtálban keverjük össze a paradicsompürét, a szójaszószt, a köményport és a füstölt vagy édes paprikát. Adjunk hozzá egy csipet fahéjat és egy csipet chiliport vagy cayenne borsot is.

e) Grillezés előtt pácoljuk a tofut, ameddig csak tudjuk.

74. Sweet burgonya pierogi

ÖSSZETEVŐK:
TÉSZTA
- 3 C -os univerzális liszt
- 1 teáskanál tengeri só
- 1 C több vizet
- 1 evőkanál növényi olaj

TÖLTŐ
- 3 1/2 C-os édesburgonya, meghámozva és felkockázva
- 2 gerezd fokhagyma, felaprítva
- 2 evőkanál tápláló élesztő
- 2 evőkanál vegán kókuszvaj
- 1/2 teáskanál friss kapor
- 1/4 teáskanál szárított zsálya
- 1/4 teáskanál tengeri só
- 1/4 teáskanál őrölt fekete bors

UTASÍTÁS:
a) Forraljunk fel egy fazék sós vizet, majd pároljuk az édesburgonya kockákat 10 percig, vagy amíg megpuhul és megpuhul.

b) Készítse el a tésztát univerzális liszt és tengeri só keverésével, miközben az édesburgonya fő. Ezután keverjük hozzá a vizet és az olajat, amíg el nem keveredik.

c) A tésztát enyhén lisztezett felületen addig gyúrjuk, amíg összeáll, és kissé ragacsos lesz, de nem annyira ragadós, hogy a kezünkhöz tapadjon. A tésztagolyót enyhén lisztezzük.

d) A tésztát kettéosztjuk, és minden kisebb golyót műanyag fóliába csomagolunk. Amíg a tölteléket készíted, hűtsd le a tésztát.

e) Az édesburgonyát leszűrjük, és a töltelék többi hozzávalójával pépesítjük,

f) Hűtőbe tesszük, amíg a pierogi készen nem áll a töltésre.

g) Ha azonnal meg akarja főzni a pierogies-t, akkor egy nagy fazék sós vizet forraljon fel, miközben tekergeti, felvágja és megtölti.

h) Nyújtsunk ki egy tésztagolyót 1/16 hüvelyk vastagságig enyhén lisztezett felületen. Vágjon ki köröket a tésztából egy 3 12-4 hüvelykes kerek pogácsaszaggatóval.

i) A tészta nyújtása és a körök kivágása közben mindegyiket enyhén leporolt tepsire vagy tepsire helyezzük, és konyharuhával letakarjuk. Ismételje meg a maradék tésztagolyóval.

j) Minden kör tészta egyik oldalára kenjünk 12-34 evőkanál édesburgonya tölteléket. Tartson a közelben egy kis edény vizet.

k) A kör felének szélét ujjal megkenjük egy kevés vízzel, a tészta másik oldalát ráhajtjuk a töltelékre, óvatosan nyomkodjuk össze, és enyhén préseljük össze a két oldalát, hogy a pierogit lezárjuk.

l) Átfedés nélkül tegye vissza mindegyik pierogit a lisztezett tepsibe vagy tepsibe.

m) A pierogit kis adagokban főzzük, amíg fel nem úsznak a tetejére, körülbelül 1-2 percig. Egy réskanállal vegyük ki a vízből, és tegyük egy tepsire vagy edénybe.

n) Közvetlenül tálalás előtt serpenyőben, vegán kókuszvajban, közepes lángon süsd aranybarnára a pierogies-t, oldalanként körülbelül 2-3 perc alatt.

o) Vegán kókuszkrémmel vagy a fűszeres kesudiókrémmel, karamellizált hagymával és/vagy sült gombával tálaljuk!

75. Vegan spenótgolyós tészta

ÖSSZETEVŐK:

- 2 evőkanál őrölt len
- 2 evőkanál citromlé
- 450 g / 16 uncia. friss spenót
- 3 evőkanál tápláló élesztő
- 2 gerezd fokhagyma, finomra reszelve
- púpozott ½ teáskanál só, ízlés szerint több
- ¼ teáskanál bors, ízlés szerint
- bőséges mennyiségű reszelt szerecsendiót, ízlés szerint igazítsuk
- 2 csésze durva zsemlemorzsa
- olaj a sütéshez vagy sütéshez

UTASÍTÁS:

a) Egy kis tálban keverje össze az őrölt len-/chiamagot, 2 evőkanál citromlevet és 60 ml / 14 evőkanál vizet. Hagyjon időt, amíg a szósz besűrűsödik.

b) A spenótot 1-2 percig blansírozzuk forrásban lévő vízben, szűrjük le, és azonnal mártsuk egy tál jeges vízbe, vagy öblítsük le hideg vízzel, hogy megőrizzük színét.

c) A kezed segítségével nyomd ki a spenótból a lehető legtöbb vizet. A száraz spenótot apróra vágjuk.

d) Egy keverőedényben a zsemlemorzsa (és az olaj) kivételével az összes hozzávalót összedolgozzuk. Fokozatosan adjuk hozzá a zsemlemorzsát, ügyelve arra, hogy a keverék ne legyen túl száraz vagy túl nedves. Ha a keverék túl nedves, előfordulhat, hogy nincs szüksége az összes zsemlemorzsára, vagy egy kicsit többre. Menj a beleddel.

e) Kézzel kis diónyi golyókat formázunk a masszából. Hűtőbe tesszük legalább 2 órára.

f) Ha meg szeretné sütni a spenótgolyókat, vonja be több zsemlemorzsába.

g) Körülbelül 20 percig sütheti őket 180°C-on olajozott tepsiben, félig forgatva, vagy jó adag olajban minden oldalukon barnára sütheti őket.

76.Burgonya és Sárgarépa Pierogies

ÖSSZETEVŐK:
TÉSZTA:
- Univerzális liszt - 500 g
- Meleg víz - 230 ml
- Só - 1,5 teáskanál
- Olívaolaj - 2 evőkanál

TÖLTŐ:
- Burgonya - 600 g
- 1 csésze v egan sajt e
- Só - 1,5 teáskanál
- Hagyma - 1 nagy, apróra vágva
- Őrölt bors - 1 teáskanál
- reszelt szerecsendió - 2 csipet (opcionális)

SÜT:
- kókuszvaj - 1 evőkanál

DÍSZÍT:
- Apróra vágott metélőhagyma és karamellizált hagyma.

UTASÍTÁS:
TÖLTŐ:
a) Egy serpenyőben hevítsd fel az olívaolajat, és pirítsd aranybarnára az apróra vágott hagymát.
b) Helyezze a burgonyát egy közepes edénybe, annyi vízzel, hogy ellepje. [Akár gyorsfőző, akár instant tűzhely használható.] Forraljuk fel a vizet az edényben nagy lángon. Körülbelül 15 percig főzzük, vagy amíg a burgonya villa puha nem lesz. Ügyeljen arra, hogy ne süsse túl.
c) Tegye vissza a burgonyát a serpenyőbe, miután szűrőedényben lecsepegtette. Burgonyanyomóval pépesítsd a burgonyát, és add hozzá a növényi tejet, a borsot, a sajtot, a szerecsendiót és a karamellizált hagymát. Só is van.

TÉSZTA:
d) Keverje össze a lisztet, az olívaolajat és a sót egy keverőtálban. Alaposan keverjük össze, és fokozatosan adjunk hozzá vizet. Gyúrjuk össze a tésztát a kezünkkel, miután nagyjából bedolgoztuk. Ha nem sikerül összeállnia, adjunk hozzá még vizet. Ha úgy gondolja, hogy túl sok vizet adtunk hozzá, adjunk hozzá lisztet.

e) A tésztát 5-10 percig gyúrjuk, majd félretesszük. A tészta dagasztás után simább és rugalmasabb legyen. De nem ragadós módon!

f) Fedjük le és tegyük félre 30 percre pihenni.

g) Miután a tészta pihent, szórjuk meg liszttel a hengerfelületet, fogjunk egy darab tésztát, és nyújtsuk ki 1-2 mm vékonyra. Minél vékonyabbra tudod elkészíteni, annál finomabb lesz a galuska.

h) Egy fejjel lefelé fordított pohár segítségével vágjunk ki köröket a tésztából.

i) Minden kör közepére tegyünk egy-egy púpozott teáskanál tölteléket, hajtsuk félbe, és ujjainkkal nyomkodjuk össze a félkör sarkait.

j) Egy nagy fazék vízben forraljuk fel a pierogies-t.

k) Főzzük a pierogies-t 3-4 percig, vagy amíg lebegnek, egy réskanállal távolítsuk el mindegyiket.

l) Folytassa az új adag főzését, amíg az összes el nem készül.

77. Főtt gombóc

ÖSSZETEVŐK:

- 1 ½ csésze szitált univerzális liszt
- ½ teáskanál só
- ¼ teáskanál sütőpor
- ½ csésze margarin
- Körülbelül ¼ csésze víz

UTASÍTÁS:

a) Melegítsük elő a sütőt 400 Fahrenheit fokra. A száraz hozzávalókat szitán összekeverjük.
b) Pogácsaszaggatóval margarinba vágjuk, annyi vízzel, hogy összetartsa a keveréket.
c) Lisztezett deszkán nyújtsuk ki a tésztát, mint a pitehéjat. Vágja a négyzeteket 3 hüvelykes négyzetekre.
d) Tegyünk nagyjából 1 teáskanál tölteléket minden négyzet közepére. Hajtsa félbe a négyzeteket, hogy teljesen ellepje a tölteléket. Villa segítségével préseljük össze a széleket.
e) Süssük 20 percig, vagy amíg aranybarna nem lesz tapadásmentes sütilapon.

78.Áfonya Pierogi

ÖSSZETEVŐK:
A TÉSZTÁHOZ
- 2 csésze (500 g) univerzális liszt
- 1 csésze forró növényi tej
- 1 teáskanál só

AZ ÁFONYA TÖLTETÉSÉHEZ
- 2 csésze áfonya/áfonya
- 1 evőkanál univerzális liszt

FELTÉTEL
- édesített tejszín, 12% vagy 18%
- csipetnyi porcukor/porcukor, megszórni

UTASÍTÁS:
A TÉSZTÁHOZ

a) A lisztet átszitáljuk, és a lisztkupola közepébe lyukat szúrunk. Öntsön egy kevés forró növényi tejet a keverékbe, és keverje össze. Gyorsan gyúrja össze, szükség szerint adjon hozzá növényi tejet, hogy lágy, rugalmas tésztát kapjon.

b) A tésztát több részre osztjuk. Lisztezett munkalapon kinyújtjuk a tészta első részét.

c) A tésztát a sodrófával vékony lapra nyújtjuk. Használjon pohár vagy körvágót a tészta vágásához.

AZ ÁFONYA TÖLTETÉSÉHEZ

d) Öblítse le a friss áfonyát hideg folyó víz alatt.

e) Közvetlenül a pierogi készítése előtt vegye ki a fagyasztott bogyókat a fagyasztóból (a fagyasztott gyümölccsel a galuskát könnyebb összeállítani)

f) Papírtörlőn szárítsuk meg, terítsük ki egy tálcára, és szórjuk meg 1 evőkanál liszttel.

g) Minden tésztakör közepére tegyünk egy teáskanál áfonyát. A tésztát ráhajtjuk a töltelékre, és a széleit összenyomkodjuk. Addig folytatjuk, amíg a tészta és az áfonya el nem fogy.

BEFEJEZÉS

h) Sós vizet felforralunk egy lábosban. Csökkentse a hőt alacsony szintre, és tartsa ott.

i) Adjuk hozzá a gombócokat, és főzzük 5-6 percig, vagy amíg fel nem úsznak.
j) Közben készítsünk egy kis édesített tejszínt. Tegyünk egy kis tejszínt egy keverőtálba, adjunk hozzá porcukrot/porcukrot, és keverjük össze. Harapj egyet, és nézd meg, hogy elég édes-e. Ha nem elég édes, adjunk hozzá több cukrot, és próbáljuk újra.
k) Egy lyukas kanál segítségével vegye ki a pierogit a serpenyőből. Tányérokon tálaljuk, a tetejére egy kanál édesített tejszínt teszünk.

79.Sárgabarack Kolache

ÖSSZETEVŐK:
A TÖLTETÉSÉHEZ
- 100 g (4 oz.) szárított sárgabarack
- 350 ml víz
- 2 evőkanál porcukor

A TÉSZTÁHOZ
- 225 g (8 oz.) kókuszvaj, lágyítva
- 1 (200 g) kád vegán sajt, lágyított
- 150 g (5 oz.) porcukor
- 250 g (9 oz.) sima liszt

UTASÍTÁS:
a) A töltelék elkészítéséhez egy vastag serpenyőben keverje össze a sárgabarackot és a vizet, és fedő alatt, közepes lángon főzze 10 percig, vagy amíg a sárgabarack megpuhul.

b) A sárgabarackot pépesítjük, hozzáadunk 2 evőkanál cukrot, és félretesszük hűlni. Vegye ki az egyenletből.

c) A tésztához a kókuszvajat és a vegán sajtot habosra keverjük, majd hozzáadunk 150 g cukrot és alaposan összedolgozzuk.

d) A lisztet alaposan elkeverjük. A tésztából golyót formálunk, és egy órát pihentetjük.

e) Jól lisztezett felületen a tészta felét kifordítjuk és megdolgozzuk vele. 5 cm-es négyzetekre vágjuk, miután hengereljük 25 cm vastagságúra.

f) Helyezzen 1/2 teáskanál sárgabarack tölteléket a négyzet közepére. Vidd a négy sarkot középre, és nyomd össze őket a lezáráshoz.

g) Körülbelül 15 percig sütjük 200°C-on/6-os gázjelzés.

DESSZERTEK

80.ukrán chrustyky

ÖSSZETEVŐK:

- 4 csésze szitált liszt
- 6 tojás
- 1 csésze tejföl
- 2 evőkanál cukor
- ¼ teáskanál Só
- 1 teáskanál vanília
- 2 evőkanál vaj
- ½ teáskanál mandula aroma
- Sárgája -- jól felverve

UTASÍTÁS:

a) A tojássárgáját habosra verjük. Adjuk hozzá a száraz hozzávalókhoz tejföllel, vaníliával, vajjal és mandula aromával. Jól összegyúrjuk.

b) Tekerjük ⅛ hüvelyk vastagságra. 1 x 3 hüvelykes csíkokra vágjuk cukrászkoronggal.

c) Minden csík közepén készítsen egy hosszirányú hasítást, és húzza át az egyik végét.

d) Forró zsírban süssük körülbelül 2 percig, vagy amíg enyhén meg nem pirul. Nehéz papíron lecsepegtetjük.

e) Ha kihűlt, megszórjuk cukrászcukorral.

81.Ukrán sajttorta

ÖSSZETEVŐK:
- Omlós tészta
- 2 csésze túró
- ½ csésze cukor; Granulált
- 2 teáskanál kukoricakeményítő
- ½ csésze dió; Aprított,
- 3 tojás; Nagy, külön
- ½ csésze tejföl
- 1 teáskanál citromhéj; Lereszelve

UTASÍTÁS:
a) Melegítsük elő a sütőt 325 F fokra.
b) A túrót szitán átnyomkodjuk és lecsepegtetjük.
c) Egy nagy keverőtálban verjük habosra a tojássárgáját, majd lassan adjuk hozzá a cukrot, és folytassuk a verést, amíg nagyon világos és sima nem lesz.
d) Adjuk hozzá a túrót a tojásos keverékhez, jól keverjük össze, majd adjuk hozzá a tejfölt, a kukoricakeményítőt, a citromhéjat és a diót (ha szükséges). Addig keverjük, amíg az összes összetevő jól el nem keveredik, és a keverék sima lesz.
e) Egy másik nagy keverőtálban verjük fel a tojásfehérjét, amíg lágy csúcsok nem lesznek, majd óvatosan forgassuk bele a masszába. Öntsük a keveréket az előkészített tésztafélékre, és süssük körülbelül 1 órán át.
f) Tálalás előtt hűtsük le szobahőmérsékletre.

82. Bajaderki

ÖSSZETEVŐK:
CUKRÁSZSÜTEMÉNY
- ½ kiló kész torta vagy keksz (muffin, brownie stb.)
- 1 csésze kókuszreszelék
- 1 csésze mazsola
- ½ csésze bármilyen finomra vágott dió
- 1 csésze morzsolt ropogós keksz
- Bármilyen ízesített alkohol (felnőtt változathoz), mennyisége a mennyiségtől függ
- 2-3 evőkanál feketeribizli lekvár
- 1 citrom leve és héja

JEGESEDÉS
- 100 gramm étcsokoládé
- 1 teáskanál kókuszolaj

UTASÍTÁS:
TÉSZTA
a) A homogén keverék elkészítéséhez a kekszet kézzel óvatosan összetörjük. A szarvasgomba-kombinációhoz hasonló agyagszerű, sűrű keverékhez keverje össze a mandulát, a kókuszt, a citromlevet és -héjat, a mazsolát, a bort és a lekvárt.
b) 1 órára hűtőbe tesszük.
c) Ezután a tésztából egy nagy dió méretű vagy nagyobb golyókat formázunk. Helyezze őket egy sütőlapra.

JEGESEDÉS
d) Vízfürdőben felolvasztjuk a csokoládét és a kókuszolajat.
e) A golyókat egyenként belehelyezzük a cukormázba. Villával megfordítjuk és sütőpapírra helyezzük.
f) A golyókat 2 órára hűtőbe tesszük, vagy amíg a cukormáz megkeményedik.

83. Mazurek csokikrémmel

ÖSSZETEVŐK:

TÉSZTA
- 2 csésze tönkölyliszt vagy sima búzaliszt
- 100 g folyékony kókuszolaj
- 1 púpozott evőkanál keményítő
- 2 evőkanál finomítatlan porcukor
- 10-12 evőkanál hideg víz

KRÉM
- 15 mentalevél
- 1½ csésze főtt fehér bab
- 100 gramm étcsokoládé (70% kakaó szárazanyag)
- 1 narancs leve és héja
- 1 teáskanál fahéj
- 2-3 teáskanál datolyaszirup vagy más szirup

UTASÍTÁS:

TÉSZTA

a) Keverjük össze a lisztet, a keményítőt és a porcukrot egy keverőtálban. Keverjük össze teljesen a kókuszolajat. Lassan felöntjük a vízzel. Alaposan összegyúrjuk.

b) A tésztának lágynak és rugalmasnak kell lennie, hasonlóan a pierogishoz használthoz. Sütőpapíron 4-5 mm vastagra kinyújtjuk. Készítsen téglalapot vagy más formát a papírból. Villával szúrjuk meg az egészet.

c) Melegítsd elő a sütőt 190°C-ra, és süsd 20 percig. Hagyjon időt a lehűlésre.

KRÉM

d) A babot, a mentát és a szirupot turmixgépben simára keverjük.

e) A levét és a héját felforraljuk. Addig keverjük a csokoládét, amíg fel nem olvad. Óvatosan keverjük hozzá a kevert babot és a fahéjat.

f) A krémet megkenjük a leveles tésztával, és a tetejére tesszük a köreteket. Hűtőbe tesszük, amíg a krém besűrűsödik.

84.Sütőtök élesztős Bundt torta

ÖSSZETEVŐK:
- 1 csésze sütőtök mousse
- 2½ csésze tönkölyliszt vagy búzaliszt
- ½ csésze bármilyen növényi növényi tej
- 7 gramm száraz élesztő
- ½ csésze nádcukor vagy bármilyen más finomítatlan cukor
- 1 citrom leve és héja
- 1 evőkanál folyékony kókuszolaj
- 1 csésze szárított áfonya

UTASÍTÁS:
a) Keverje össze a lisztet, az élesztőt, a cukrot és az áfonyát egy keverőtálban.
b) Egy kis serpenyőben lassan melegítsd fel a sütőtök-habot, a növényi tejet, a citromlevet és -héjat, valamint a kókuszolajat. A nedves hozzávalókat a tésztába gyúrjuk. Ennek végrehajtása körülbelül 8 percet vesz igénybe.
c) A Bundt tortaformát vékonyan szórjuk meg liszttel és kenjük ki. Helyezzük a tésztát a tepsibe, fedjük le, és hagyjuk kelni 1 órát meleg helyen.
d) Melegítsd elő a sütőt 180°C-ra, és süsd 35 percig (amíg a fa nyárs tisztán ki nem jön).

85. Krémtekercs

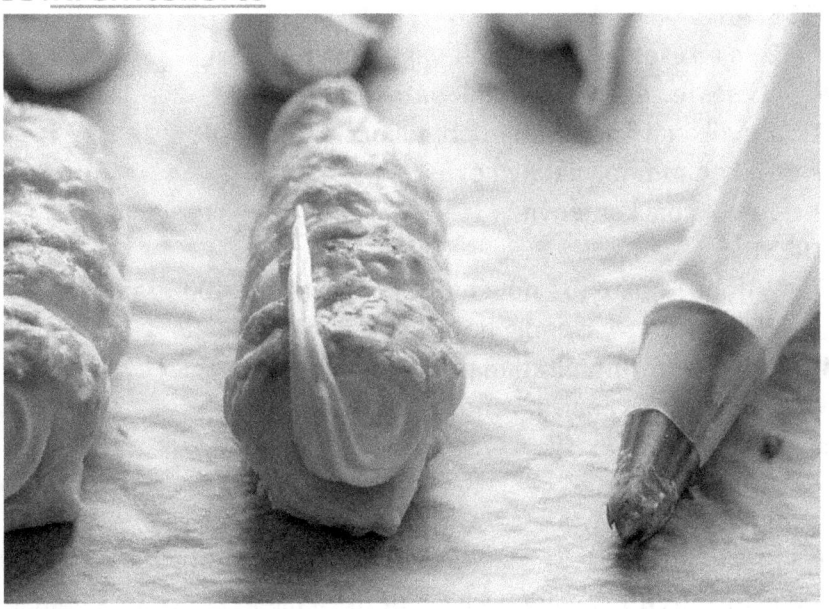

ÖSSZETEVŐK:
TÉSZTA
- 2 és fél csésze tönkölyliszt vagy sima búzaliszt
- ¾ csésze vegán tejszín (pl. házi szójakrém)
- 2 evőkanál finomítatlan porcukor
- 100 gramm folyékony kókuszolaj
- 1 evőkanál keményítő

KRÉM
- 2 doboz kókuszos növényi tej (egyenként 400 gramm, 17% zsír, 75% kókusz, 1-2 napig hűtőben tartva)
- 1 evőkanál finomítatlan porcukor
- 2 teáskanál vanília kivonat
- 1 citrom héja

UTASÍTÁS:
TÉSZTA
a) Az összes hozzávalót addig gyúrjuk, amíg a tészta sima nem lesz.
b) A tésztát 2-3 mm vastagságúra nyújtjuk. 1 cm széles csíkokra vágjuk. Tálalás előtt 10 percre hűtőbe tesszük.
c) A tekercseket sütőpapírral bélelt tepsire helyezzük. Melegítsd elő a sütőt 200°C/400°F-ra, és süsd 15 percig. Hagyja kissé lehűlni, mielőtt kiveszi őket a kornetekből. Ismételje addig, amíg el nem használja az összes tésztát.

KRÉM
a) A dobozokból távolítsa el a kókusztej fehér szilárd részét. Porcukor segítségével jól összekeverjük.
b) Óvatosan keverjük hozzá a vaníliakivonatot és a citromhéjat.
c) Helyezze a krémet egy zsákba, és a tölteléket az üres tekercsekbe csepegtesse. Gyümölccsel díszítheti őket, vagy porcukorral megporozhatja őket.

86.Ostya

ÖSSZETEVŐK:

- 5 nagy téglalap alakú ostya
- ½ kiló feketeribizli lekvár
- 3 csésze főtt csicseriborsó (többé-kevesebb 1 csésze száraz)
- 1 doboz kókuszos növényi tej
- 1 teáskanál vanília kivonat
- 2 evőkanál nádcukor
- 2 evőkanál kakaó
- 200 gramm étcsokoládé (70% kakaó szárazanyag)

UTASÍTÁS:

a) Nyissa ki a kókusztejjel tartalmazó dobozt, és távolítsa el a fehér szilárd részt. Egy serpenyőben felforraljuk. Levesszük a tűzről, és belekeverjük a csokoládét, a kakaót, a vaníliakivonatot és a cukrot.

b) Addig keverjük, amíg az összes hozzávaló el nem olvad. A csicseriborsót teljesen összedolgozzuk.

c) Helyezze az ostyalapot egy fadarabra. Befedjük a krém felével és a másik ostyával.

d) Kenjük rá a lekvár felét. Ismételje meg a maradék krémmel, lekvárral és ostyalapokkal. Finoman nyomja meg a gombot.

e) Tedd félre 4-5 órára a hűtőbe.

87.Ünnepi almás pite

ÖSSZETEVŐK:

- 3 csésze sima tönkölyliszt vagy sima búzaliszt
- 2 lapos evőkanál keményítő
- 2 lapos evőkanál finomítatlan porcukor
- 50 gramm folyékony kókuszolaj
- 15 evőkanál hideg víz
- 2 kiló főzőalma
- 1 teáskanál fahéj
- 1 teáskanál őrölt kardamom
- 1 csésze mazsola
- 1 csésze dió
- 1 csésze zsemlemorzsa

UTASÍTÁS:

a) A lisztet, a keményítőt, a porcukrot és a kókuszolajat óvatosan összedolgozzuk. Egyszerre adjunk hozzá egy evőkanál vizet, minden hozzáadás után keverjük össze vagy gyúrjuk a tésztát. Az összes hozzávaló összekeverése után a tésztát addig gyúrjuk, amíg rugalmas és sima nem lesz.

b) A tésztát két egyenlő részre osztjuk. Az egyiket 20 x 30 cm-es sütőpapíros lapra kell kinyújtani. A tésztát villával többször megszurkáljuk, tepsire tesszük, és 30 percig hűtjük. A maradék tésztarészt 45 percre a fagyasztóba tesszük.

c) A tálcát kivesszük a hűtőből és 190°C-on 15 percig sütjük. Engedd meg magadnak a lazítást. Közben elkészítjük az almát.

d) Hámozzuk meg az almát és távolítsuk el a magházukat. Reszelővel vagy mandolinszeletelővel lereszeljük a sajtot. Keverje össze a fahéjat, a mazsolát és a vastagra vágott diót egy keverőtálban. Ha túl savanyú az alma, adhatunk hozzá mézet.

e) A zsemlemorzsát egyenletesen szórjuk a félig megsült alapra. Az almát ezután a leveles tésztára kell szórni.

f) A megdermedt tésztát az almák tetejére tesszük és lereszeljük. Melegítsük elő a sütőt 180°C/350°F-ra, és süssük 1 órán keresztül.

88.Burgonya mézeskalács keksz

ÖSSZETEVŐK:
- ½ kiló hámozott burgonya
- 5 evőkanál folyékony kókuszolaj
- ½ csésze datolyaszirup vagy más szirup
- 2 teáskanál szódabikarbóna
- 2½ csésze tönkölyliszt vagy sima búzaliszt
- ½ csésze keményítő
- 4 evőkanál mézeskalács fűszerezés
- 1 evőkanál kakaó

UTASÍTÁS:
a) A burgonyát puhára főzzük, majd kihűtjük és burgonyavágóval felrizzük. Egy tálban összekeverjük a datolyaszörpöt és a kókuszolajat.

b) Egy külön medencében keverje össze a lisztet, a keményítőt, a szódabikarbónát és a mézeskalács fűszereket. A folyadékok hozzáadása után gyúrjuk a tésztát.

c) Egy tésztalapot vagy tésztalapot liszttel meghintünk, és a tésztát kb. 5 mm vastagra kinyújtjuk.

d) Kekszvágókkal vágjunk ki különféle formákat. Melegítsük elő a sütőt 170 °C-ra, és süssük 10 percig. Hagyjuk kihűlni és ízlés szerint díszítjük.

89. Sült alma gyümölccsel és dióval

ÖSSZETEVŐK:
- 6 sütőalma, megmosva és kimagozva
- 6 evőkanál vegán granulált édesítőszer
- 6 evőkanál eper vagy kajszibarack befőtt
- ½ csésze apróra vágott dió

UTASÍTÁS:
a) Melegítse elő a sütőt 350 Fahrenheit-fokra. Helyezze az almát a tepsibe, ügyelve arra, hogy szorosan érintkezzenek és illeszkedjenek.
b) Minden alma magjába tegyünk 1 teáskanál cukrot, majd a befőtteket. Utolsó simításként adjon hozzá diót. Egy hüvelyk vizet kell a sütőedénybe önteni.
c) Melegítsük elő a sütőt 350 °F-ra, és süssük 30 percig, vagy amíg az alma megpuhul.
d) Azonnal tálaljuk vagy hűtsük le.

90.Vegán bogyós sajttorta e

ÖSSZETEVŐK:

- 4 (8oz / 225 g) csomag vegán krémsajt
- 0,5 uncia Agar Agar + 1 csésze forró víz
- 1 doboz (3 uncia) vegán citromzselé + 1 csésze forró víz
- 1/4 csésze porcukor
- ostyák
- Friss eper vagy málna
- 2 doboz (egyenként 3 uncia) vegán eperzselé

UTASÍTÁS:

a) Egy csésze forró vízben oldjunk fel 2 csomag agart és 1 csésze citromzselét.
b) Ha kész a sajt, verjük kb 2 percig, vagy amíg habos nem lesz. Agar Az agart és a zselét apránként kell hozzáadni.
c) Addig keverjük, amíg az összes csomó el nem tűnik. Adjuk hozzá a cukrot, és keverjük tovább, amíg minden jól el nem keveredik.
d) Helyezzen vaníliás ostyát a rugós forma aljára. Töltsük meg a serpenyőt a krémsajt keverékkel. Hűtőbe tesszük legalább 2 órára .
e) Készítsünk eperzselét fele annyi vízzel (dobozonként 1 csésze, két dobozból összesen 2 csésze). Hagyjuk néhány percig hűlni.
f) Helyezzen epret a megkötött sajtkeverék tetejére. Hűtőbe tesszük, amíg a kocsonya megkeményedik, majd ráöntjük az eperre.

91. Édes gabonapuding

ÖSSZETEVŐK:
- 1 csésze búzabogyó vagy árpa
- 4 evőkanál juharszirup
- ½ csésze (115 g) cukor
- 2 csésze (450 g) mák
- bakalie

UTASÍTÁS:
a) Áztassa a búzabogyót egy éjszakán át, miután leöblítette.
b) Áztassuk a szemeket vízbe, amíg megpuhulnak, majd szitán csepegtessük le.
c) Keverjük össze a mákot, a juharszirupot, a cukrot, a bakalie-t és a búzabogyót egy keverőtálban.

92.Diós félhold süti

ÖSSZETEVŐK:

- 1⅓ csésze (150 g) liszt
- 6 evőkanál kókuszvaj
- ⅓ csésze (65 g) finomra őrölt dió
- ¼ csésze (55 g) cukor

UTASÍTÁS:

a) Melegítsük elő a sütőt 300 Fahrenheit fokra (150 Celsius fok).
b) Az összes hozzávalót összegyúrjuk tésztává.
c) Nyújtsa ki a tésztát a kezével hosszú kötéllé, és vágja be 7,5 cm-enként.
d) Minden darabból félholdat formázunk, és sütőpapíros tepsire helyezzük.
e) Süssük körülbelül 20 percig, vagy amíg a keksz enyhén megpirul. Hagyjuk kihűlni, mielőtt meghinnénk porcukorral.

93.Szilvapörkölt

ÖSSZETEVŐK:
- 2 font (900 g) friss szilva
- opcionális: ¾ csésze (170 g) cukor

UTASÍTÁS:
a) A szilvát megmossuk, magját kivesszük.
b) A szilvát pici vízben felforraljuk (csak annyi, hogy ellepje), és időnként megkeverjük.
c) A cukrot két óra elteltével adhatjuk hozzá az édesebb íz érdekében.
d) Amikor a pörkölt besűrűsödött és a víz nagy része elpárolgott, öntsük üvegedényekbe és tároljuk hűvös helyen.
e) A főzési idő vége felé adjon hozzá szerecsendiót, citromlevet vagy fahéjat a nagyobb íz érdekében.

94.Lekvár

ÖSSZETEVŐK:
- 2 font (900 g) friss gyümölcs, például alma, körte, sárgabarack, cseresznye és/vagy eper
- 1¾ csésze (395 g) cukor

UTASÍTÁS:
a) A használt gyümölcstől vagy gyümölcsöktől függően tisztítsa meg, hámozzuk meg és magozzuk ki.
b) Kevés vízben (csak annyi, hogy ellepje) felforraljuk, időnként megkeverve.
c) Ha a gyümölcs megpuhult, turmixgépben pürésítjük, vagy a legapróbb reszelőnyílásokon lereszeljük.
d) Alacsony lángon főzzük, amíg a tömeg besűrűsödik, folyamatosan kevergetve.
e) Üvegekbe töltjük és hűtőben tároljuk.

95. húsvéti sütemény

ÖSSZETEVŐK:
ROMLIKENYÉR KRÉG
- 1 ½ csésze liszt
- ½ csésze finom szemű cukor
- ½ csésze kókuszvaj
- 1 teáskanál vanília kivonat (elhagyható)

FELTÉTEL
- 1 ½ csésze vegán Dulce de leche
- diófélék, szárított gyümölcsök, cukorkák díszítéshez

UTASÍTÁS:
a) Aprítógépben keverjük össze a lisztet és a cukrot, és keverjük simára. Ezután adjuk hozzá az apróra vágott kókuszvajat, és keverjük omlósra.

b) Egy külön tálban keverjük össze a vizet és az opcionális vaníliaesszenciát.

c) Melegítsük elő a sütőt 350°F-ra, és toljuk a tésztát a választott serpenyőbe. Vagy úgy készítse el a széleket, hogy a tészta oldalát felnyomkodja, vagy készítsen egy külön díszszegélyt némi tésztával.

d) A tészta alját villával megszurkáljuk, nehogy felpuffadjon. Ezután süssük 375 Fahrenheit fokon körülbelül 30 percig.

e) A tepsi méretétől és formájától függően süsse a héjat 20-35 percig a sütő középső rácsán. A kéreg aranyszínűvé válik, konyhája pedig megtelik a kókuszvaj aromájával. A sütőből kivéve hagyjuk kihűlni.

f) Használja a Vegan Dulce de leche-t vagy bármilyen más karamell kenhetőt. Melegítse fel a karamelljét egy edénybe helyezve. Öntsük a karamellt a pitehéjba, és tegyük félre néhány percre.

g) Készítse elő ehető díszítését, amíg a karamell feláll.

96.Vaníliás pudingpuding

ÖSSZETEVŐK:
- ½ vaníliarúd, ½ evőkanál vaníliakivonattal kiegészíthető
- 2 csésze + 2 evőkanál növényi tej
- 5-7 teáskanál cukor
- 3 evőkanál burgonyaliszt, alá lehet tenni kukoricaliszttel vagy kukoricakeményítővel
- 3-4 teáskanál málnaszörp, tálaláshoz, opcionális

UTASÍTÁS:
a) A fél vaníliarudat hosszában felvágjuk, a babot késsel kikaparjuk. Vegye ki az egyenletből.
b) Forraljon fel 1,5 csésze (350 ml) növényi tejet, vaníliarudat és cukrot.
c) A burgonyalisztet összekeverjük a maradék hűvös növényi tejjel. Habverővel gyorsan keverjük össze, nehogy csomók képződjenek a forrásban lévő növényi tejben.
d) Forraljuk fel, majd állandó kevergetés mellett pároljuk körülbelül 1 percig, vagy amíg a puding besűrűsödik.
e) A tűzről való levétel után öntse az egyes desszertes poharakba vagy edényekbe.
f) A tetejére pár csepp málnaszirupot öntünk, és azonnal tálaljuk.

97. Cream Fudge

ÖSSZETEVŐK:

- 1/2 csésze cukor
- 2-14 uncia doboz sűrített növényi tej
- 1/3 csésze kókuszvaj

UTASÍTÁS:

a) Keverje össze a cukrot és a sűrített növényi tejet egy közepes edényben. Amint forrni kezd, csökkentse a lángot alacsonyra, és folytonos keverés mellett folytassa. A keverés során rendkívül óvatosan kell eljárni.

b) 15–20 perc forralás után melegítse a keveréket 225–235 °F-ra. Vegyük le a serpenyőt a tűzről, és adjuk hozzá a kókuszvajat, folyamatos kevergetés mellett 3 percig.

c) Öntsük a tésztát az előkészített tepsibe, és hűtsük le teljesen, mielőtt legalább 30 percre hűtőbe tesszük.

d) Vegyük ki a serpenyőből és vágjuk kockákra. Tekerje mindegyik köré viaszpapírt. A becsomagolt adagokat fedett edényben kell tárolni, hogy elkerüljük a kiszáradást.

98.Mandula C chocolate P lums

ÖSSZETEVŐK:

- 24 aszalt szilva, kimagozva (szárított szilva)
- 24 egész mandula, pirítva
- 8 uncia félédes csokoládédarabkák
- darált dió, díszítéshez

UTASÍTÁS:

a) Melegítsük elő a sütőt 350°F-ra, és béleljünk ki egy tepsit alufóliával vagy viaszpapírral.

b) Mikrohullámú sütőben sütjük a csokoládét, amíg teljesen fel nem olvad.

c) Tovább keverjük, amíg a csokoládé sima nem lesz, majd félretesszük egy kicsit hűlni, amíg elkészítjük az aszalt szilvát.

d) Helyezzen egy mandulát minden aszalt szilva közepére, szilvánként egyet.

e) Mártson minden aszalt szilvát a csokoládéba, teljesen megfulladva.

f) Helyezze a cukorkát az előkészített tepsire, és amíg a csokoládé még nedves, tetszés szerint szórja meg a tetejét darált dióval.

g) Miután az összes aszalt szilvát a tepsire helyezte, 30 percig hűtse le, hogy a csokoládé megdermedjen tálalás előtt.

h) Hűtőben legfeljebb egy hétig tárolja légmentesen záródó edényben.

99. Vegan édes sajtos tekercs

ÖSSZETEVŐK:

D OUGH
- g / 2 csésze búzaliszt
- ¼ teáskanál finom só
- 7 g / 2¼ teáskanál instant szárított élesztő
- 35 g / 3 evőkanál cukor
- kb. 160 ml / 2/3 csésze langyos növényi növényi tej
- 30 g / 2 púpozott evőkanál enyhe kókuszolaj
- 2 teáskanál növényi növényi tej + 1 teáskanál juharszirup

TÖLTŐ
- 135 g / 1 csésze nyers kesudió, áztatva
- 1 citrom, héja + 2-4 evőkanál leve
- 2 teáskanál vanília kivonat
- 80 ml / 1/3 csésze juharszirup vagy cukor
- 80 ml / 1/3 csésze növényi növényi tej
- 15 g / 1 púpozott evőkanál enyhe kókuszolaj vagy vegán kókuszvaj
- 150 g / 5,25 uncia. érett bogyók

UTASÍTÁS:

TÖLTŐ
a) Helyezze az összes folyadékot a turmixgép aljába.
b) Hozzáadjuk a lecsepegtetett és megmosott kesudiót, és bársonyos simára turmixoljuk.

D OUGH
c) Egy nagy keverőtálban keverje össze a lisztet, a sót, az instant élesztőt és a cukrot.
d) Öntsük hozzá a növényi tej nagy részét (tartsunk vissza 1 evőkanálnyit).
e) Fordítsa ki a keveréket a munkafelületre, ha már nagyrészt egyben maradt.
f) A tésztát úgy gyúrjuk, hogy az egyik végét az egyik kezünkben tartjuk, a másikkal pedig kinyújtjuk.
g) A kókuszolajat dolgozzuk bele a tésztába (nem kell megolvasztani).

h) Az összes levegőt kiszúrjuk a tésztából, és ha megnőtt, 6-7 hasonló részre osztjuk.
i) Minden adaghoz gömbölyítsd, és enyhén olajozott tepsibe fektesd, konyharuhával letakarva.
j) Melegítsük elő a sütőt 180 Celsius-fokra (355 Fahrenheit-fokra).
k) A kezével lapítson el minden golyót, majd nyomjon bele egy enyhén olajozott üvegaljat, hogy mély bemélyedést képezzen a töltelék számára.
l) Ujjaival tökéletesítse a lenyomat formáját, ha a tészta visszaugrik.
m) Töltsük meg a korábban elkészített ízletes „sajt" keverékkel, a tetejére pedig bogyós gyümölcsöket.
n) Kenjük meg a tésztát növényi tej és juharszirup keverékével (nem a töltelékkel).
o) Melegítse elő a sütőt 350°F-ra, és süsse 20 percig.

100.Ukrán párolt káposzta szufla

ÖSSZETEVŐK:
- 1 db káposzta, nagy, ép külső levelekkel
- 1 db hagyma, nagy, darált
- 4 evőkanál vaj
- 1½ teáskanál Só
- ¾ csésze tej
- ½ teáskanál pirospaprika pehely
- 1 teáskanál fehér bors
- 1 teáskanál majoránna
- 3 tojássárgája
- 5 tojásfehérje
- 1 teáskanál cukor
- ½ gerezd fokhagyma, darálva

UTASÍTÁS:
a) A káposztát magozzuk ki, és távolítsuk el a külső leveleket. Ezeket a nagy külső leveleket forrásban lévő vízben 5 percig blansírozzuk. Lecsepegtetjük és félretesszük. A káposztát kimagozzuk, kockákra vágjuk, és egy nagy fazékba tesszük.

b) Öntsük a tejet a káposztára, és pároljuk 25 percig, vagy amíg a káposzta megpuhul. A hagymát és a fokhagymát a vajban megdinszteljük. Keverjük össze az apróra vágott káposztát, a hagymát és a fokhagymát, a dinsztelt vajat, a zsemlemorzsát, a tojássárgáját és a fűszereket.

c) A tojásfehérjét kemény habbá verjük, de nem szárazra, majd a masszához forgatjuk. A blansírozott káposztaleveleket egy nagy sajtkendőre terítjük. Ügyeljen arra, hogy átfedjék egymást, és a keverék beleférjen a közepébe, és legyen elegendő hely.

d) A töltelékkeveréket a levelek közepére halmozzuk. Hajtsa fel a leveleket, hogy ellepje a tölteléket. Fogja össze a sajtkendő sarkait, és kösse össze őket egy zsinórral.

e) Helyezze ezt a köteget óvatosan egy szűrőedénybe, és tegye a szűrőedényt egy mély edénybe, néhány centiméternyi víz fölé. Fedjük le az edényt, hogy jól zárjon. Forraljuk fel az edényt, és forraljuk 45 percig.

f) Oldja ki a sajtkendőt, fordítsa meg, és távolítsa el a sajtkendőt.

g) A szuflét szeletekre vágva tálaljuk.

KÖVETKEZTETÉS

Ahogy befejezzük kulináris utazásunkat az "Autentikus ukrán konyhán" keresztül, reméljük, átélte az ukrán konyhát meghatározó lelkes és szívmelengető ízek felfedezésének örömét. Az ezeken az oldalakon található receptek mindegyike a gazdag hagyományok, a változatos ízek és a melegség ünnepe, amelyek az ukrán főzést egyedi és elragadó élménnyé teszik – a minden étellel járó öröm bizonyítéka.

Akár ízlelte a borscs gazdagságát, akár a varenyky kényelmét, akár az ukrán desszertek édességét, bízunk benne, hogy ezek a receptek lángra lobbantották a szenvedélyét Ukrajna autentikus ízeinek újrateremtése iránt. A hozzávalókon és a technikákon túl az "Autentikus Ukrán Konyha" legyen az inspiráció forrása, a kulturális hagyományokhoz való kapcsolódás, és a minden ízes alkotással járó öröm ünnepe.

Miközben folytatja az ukrán konyha világának felfedezését, legyen ez a szakácskönyv az Ön megbízható társa, amely számos recepten kalauzolja el Önt, amelyek bemutatják az ukrán konyhák gazdagságát és lelkes természetét. Itt az autentikus ízek megízlelése, a hagyományos ételek újraalkotása és a minden falattal járó öröm. Смачного! (Jó étvágyat!)

www.ingramcontent.com/pod-product-compliance
Lightning Source LLC
Chambersburg PA
CBHW071329110526
44591CB00010B/1079